監修◎森田洋司
編著◎松原市立松原第七中学校区教育実践研究会
西井克泰／新井肇／若槻健

# 子どもが先生が地域とともに元気になる
# 人間関係学科の実践

図書文化

# 序文─松原七中実践の核心とは

森田洋司（大阪市立大学名誉教授）

## 松原市立松原第七中学校との出会い

私は社会学を専門としています。社会学とは，リアルな現実を直視して，社会とそこに生きる人間が抱えている問題やかかわりを客観的にえぐり取り，その問題にどういう対応が可能か考える学問です。そのような私が教育にかかわるのは，教育は１つのロマンだと考えているからです。ロマンというのは，今の子どもたちがこれから育つ社会，あるいは今の社会がこれからつくり上げていく社会と人々の営みに対して，どうこの社会がよくなっていけばいいのか，そこに生きる人たちがどう自分の生を充実させながら自己実現していくのかという将来に託する希望を，一つは子どもたちに託し，これからの社会に対しても希望と願いを込めているということです。さらに今の社会の装置の中で一番の根幹を握るのが教育だと思っています。

折しも文部科学省の「不登校問題に関する調査研究協力者会議」（平成14年）で，当時松原市の教育委員会学校教育部次長だった菅原寛氏と出会いました。全国的なレベルの不登校の会議でありながら，菅原氏は「我が市では……！」と言って松原市の試みの意義を熱っぽい響きで委員に語りかけていました。その後，文部科学省の研究開発校の先導的なプログラムとして展開されていく，松原市立松原第七中学校（以下，松原七中）の人間関係学科の萌芽がそこにあるわけですが，その語り口と試みに，そこに寄せる松原市教育委員会の希望や理念を私は感じ取りました。

あるときその菅原氏から「不登校に関して取り組んでいるので，森田先生にお知恵を拝借したい」と求められました。菅原氏は，教育を通じて子どもたちとこれからの社会へかけるロマンをもっている人でした。信頼に裏打ちされた幅広いネットワークと組織力と，現場の知識や政策に対する卓越した見解をもち，私と一脈通じる教育への思いとそれを実現しようとする気概を感じました。この人ならば，松原市ならば，この試みの中に私のロマンの一端をかけることができる，日本の子どもたちとその将来の社会への夢や希望の架け橋がかけられるのではないかと感じたことが，松原七中へのかかわりの発端と動機です。

## 地域とともに育つ学校

日本の社会を見渡したときに，今までの学校は，学校だけで自己完結する学びの場でした。昨今は体験活動なども組み込んでいますが，学校に今いる児童生徒にかかわって自己完結しながら卒業させていくというのが学校のシステムです。

しかし，昔，明治時代に義務教育が成立したときも，学校は地域の中にあって，地域をこれからどうつくっていくかということをにらみながら，子どもたちを地域や社会へ送り出していく装置だったのです。それがいま例えば東日本大震災を受けて，学校が地域づくりに果たしていく役割があらためて見直され，学校とはいったい何なのだという原初的な問いも表れてきました。それを早くから発想し，ずっと実践を続けてきたのが松原七中の歩みだと思います。

それは単に地域に「開かれた学校」とか，地域と学校との「連携」というものではなくて，「子どもたちを中心に置きながら地域と一緒になって子どもたちを支援し指導し，地域もそれで育っていく」という視点が松原七中の大事な試みだろうと思います。つまり今の学校への問いに対する１つの答えがこの本にあるのです。

## どのような能力を育てるか

松原七中では，子どもたちの問題とりわけ不登校を取り上げて，人間関係学科を軸に取り組んでいます。本書で詳しく述べますが，人間関係学科とは単なるソーシャルスキルあるいはライフスキルにとどまらない面をもっています。ともすればソーシャルスキルやライフスキルに関する取組みは「スキル」に矮小化されることがあり，私もかねがね不満に思っていました。しかし松原七中の先生方や地域の人たち，あるいは子どもたちがスキルにとどまらないものをつくられたのです。これを私はただすごいなという思いで拝見していました。

このことは生徒指導にかかわります。長年，生徒指導のバイブルとされてきた『生徒指導の手引き』が29年ぶりに改訂され『生徒指導提要』(文部科学省，平成22年)として公刊されました。その最終章で生徒指導の究極の目標は「社会的なリテラシー」の育成であることが強調されています。社会的なリテラシーとは，簡単にいえば「社会力」プラス「人間力」と考えられます。社会や他者や集団に対して自分がどう対すればいいのか，それらをどうつくっていけばいいのかという，社会・集団・組織に対する価値や態度，あるいは理念の上に成り立つ力です。そして自分の人生をどう生きて，どう幸福な人生を送るのか，あるいはどう自己実現していくのかも含みます。さらに自分を豊かにすることを通して社会も他者もが豊かになっていく，それぞれがみんな幸せな人生を送っていくという社会をつくりだしていくための能力なのです。

社会は大変なところですし，集団や組織も大変です。夢は簡単に実現するものではありません。そこを調整しながら自分も生き人も生き，集団も生きていく，あるいは社会も生きていくような知恵を開発していく力が大事なのです。

そのためには単に自分を知るとか，自己を確立するとかだけではなく，「人間関係の中の自己」や「集団や組織の中の自己」，地域も含めた「社会の中の自己」をしっかりとつくり上げていくこと，つまり自己がどうかかわり，どのようにそこから関係をつくりながらお互いに生きていくか，両方ともが成り立つための方策を考えて，自分で判断し，いろいろな問題を解決していく能力が備わらなければいけないのです。それが社会的なリテラシーといわれる，『生徒指導提要』がうたっている究極の目標なのです。

いっぽう本書が描く人間関係学科のスキルは，単純に社会性だけではなくて12のターゲットをおいています。それは社会力と人間力をベースにしながら，新たな学力観とぴったり合い，下支えをしています。それを子どもたちに体験させて身につけさせていくというプロセスが，この人間関係学科の試みなのです。

いま松原七中は研究開発校としての取組みが終わり，「次は学力の問題」だと皆さんが認識しています。私は「次は」ではなくて，もうすでにこの試みの中で準備状態ができあがっていると思います。今までは人間関係つまり自己と他者，あるいは自己と集団，あるいは自己と社会に視点をすえていたけれども，そのベースを生かしながら培われた力は，すぐ学力と結びついていきます。これはここで終わって学力は一から始めるというわけではなくて，学力のベースになるものです。新しい学力観は，こういうベースがなければ決して育つものではありません。いわゆる参加型学習を軸にしながら12のターゲットの中で，このような力を培っていくところが，このプログラムのいいところなのです。

## ベースとしての人権教育

松原七中の取組みには「人権教育」と「多文化共生」の２つの柱がおかれています。これは自尊感情にとっても，社会的なリテラシーにとっても非常に大事なところです。

多文化共生は国際的な観点からとらえられがちですが，そればかりではありません。人間は本来それぞれ個性をもち癖ももっています。良い面も悪い面も含めて多様なのです。そういう多様性をお互いに尊重して，自分の個性や癖をも生かしながら関係をとりもち，集団を営んでいくことは，国際化という面を越えて，人間が生きていくのに大事なことです。人間が欲求をかなえたり，自己実現したり，社会をこうしてみたいと願ったり，あるいは人が一緒に仕事をするのにも最も基本的なことがらなのです。

この自分も生き，他者も生き，集団も生き，社会も生きるという人間関係のあり方は，まさに人権教育の基礎概念です。人権教育になると「人を大切にして」とか「自分も大切にして」という言葉に変わるだけです。

松原七中はすでにこれらの積み上げがありました。私たちの社会でもこれからいっそう必要になってきます。今の社会は，お互いに自分を主張したり，自己利益を主張するという傾向が強くなっているので，はじき飛ばされたり，挫折したり，いじめやいろいろな問題行動が増える可能性があります。それらを克服しながら，人生を歩いていくために必要なことが人権教育の大もとにあり，この人間関係学科の基本にあるのです。

多様性と個性を生かしていくことは特別支援教育でも同じです。人はみんなそれぞれで，それぞれを生かしつつお互いにうまく調整していく能力がいま社会として求められています。その意味では松原七中は，早く取り組み一定の役割は果たしたというのではなくて，これから必要な考え方を含んでいます。それは子どもたちが学校の中で一定のかかわりをもったり，地域に出かけいろいろな形で他者とのかかわりをもつ中で，自分はまんざらでもないなという自尊感情や自己肯定感，あるいは成就感や達成感や意欲がしみ出し，自分の大切さ，人の存在の重みと大切さ，共に集団や社会を作ることの大切さを学び取る取組みのことです。

## シチズンシップ教育につながっていく

いっぽうシチズンシップ教育は，ベースに学校・学級・地域を構成する一構成員としての「自覚」と「実感」がないと成り立ちません。言い換えると帰属感情と集団や組織に対するアイデンティティつまり愛着のようなもの，あるいは構成員相互の信頼関係のようなものがベースになるわけです。それを培い実感させていくのがこの人間関係学科の目的です。

そういう意味では，人間関係学科は単に人間関係だけではなく，社会に参画しながら，社会あるいは社会づくりに自分の願いや思いをうまくとかしながら社会づくりをしていく人間をつくりだすためのシチズンシップ教育の基礎教育となるのです。それを果たすのが人間関係学科のねらいでもあるので，人権教育や国際理解教育をベースにしながらもめざすところは社会的なリテラシーであり，その中の一つとしてのシチズンシップも培っていくことをねらいとするプログラムだと位置付けることができます。

## 「取り組む意欲」を高める仕掛け

ところで，「松原七中の人間関係学科のような取組みを全国の学校でやりたい，必要なことだ」と多くの人が言いますが，なかなか取り組めません。それは先生方が忙しい上，すぐに効果が出ない，苦労が多いなどの心配があるからだと思います。実際これを導入すれば，時間と労力を費やして先生方は疲れ果て，教育に対する熱意や，教育に対するモラールが萎えて，かえって職場の士気にかかわり，教育力が落ちてしまうということが懸念されるのです。

松原七中のこのプログラムは，それほど真新しいものではありません。国連で必要といわれるライフスキルやソーシャルスキルを入れたり，日本の現場での苦労に基づいて，今の子どもたちにぜひとも補いたいことを入れているのです。むしろこの取組みのドラスティックな真新しさは，先生方の士気を引き立て，子どもたちの目を輝かせ，地域の主体性に火を付け，子どもたちの成長に向けてみんなで前へ進んでいく力を引き出したことだと思います。

ところがそれを一言では言い表すことができません。地域の実情を見て，子どもたちの現状を押さえて，先生方が紡ぎ出し開発していった「教員の士気を高めていく，また子どもたちを輝かせていく仕掛け」が，いろいろなプロセスのあちらこちらにあるのです。そのためか実践的なところでは教科書のようにパッと見てこれはこのようにできると，標準化されてはいません。むしろ模索し，もだえながら進めていくプロセスは一見すると冗長にも見えますし，何をやっているのかなと思いながら読む箇所があるかもしれません。しかしその中に彼らが苦労した「仕掛け」や「知恵」がいくつも潜んでいるのです。それを引っ張り出しながら，自分たちの学校であらためて工夫することが本書の大きな生かしどころではないかと思います。

## 各校で生かしていただきたい実践のポイント

松原七中は最初から人間関係学科のために贅沢に時間を取っていたわけではありません。文部科学省の研究開発指定を受けても特別活動や学校行事，総合的な学習の時間と，プラスして地域のボランティアを組み込んでいきました。カリキュラムに余裕がなかったので，クロスカリキュラムの手法を用いて，いろいろなところに潜り込ませて全校的・包括的にこの人間関係学科を試みて，時間を効果的に使っていくところが教育課程上有効だったのでしょう。これは全国のどの学校でもやろうとすればできることだと思います。

多くの学校では生徒指導の面で，多くの問題行動に対応しなければならないという困難を抱えていることと思います。松原七中も最初は不登校をテーマにして取組みが始まりましたが，不登校という問題を眺めることによって，その底にある問題に気づき，対処していくプログラムが開発されました。最初のころは授業がなかなか始まらないこともあったと聞きますが，今はチャイムが鳴る前に着席している，つまり学習規律もきちんと確立し，いろいろな問題行動も収まっているといいます。つまり問題行動へのひずんだエネルギーのベクトルを，健全なベクトルへと転換していくことが可能になってきたのだろうと思います。それがこれからの大きな参考になるのだろうと思っています。

## 同僚性・共同性・仲間性を高める

松原七中は全校的・包括的な取組みを，研究開発を軸にしながらうまく展開していきました。単にプログラムを進めるだけでなくて，「地域も一緒にやっていく」ということによって，子どもを元気にし，先生を元気にし，地域の資源も太らせていくというサイクルをつくりだしたのです。その仕掛けがこの実践の中にいろいろとあります。

もう一つ，教育現場で失われつつある「教員間の同僚性」を高める仕掛けが含まれていることも見逃せません。同時に「子どもたちにとって仲間性」とでも呼ぶものもできあがってきます。それが人間関係学科のソフト面をつくりながらプログラムを進める推進力なのです。

この教員間の「同僚性」，子ども同士の「仲間性」，地域の大人も含めた「共同性」をつくっていく仕掛けがこの中に入っています。これらがベースにないと，先生方のモチベーションは上がらないでしょうし，子どもたちも輝かないし，地域の住民たちも熱意に燃えてフェスタに取り組むことはないでしょう。これはそれぞれの地域の実情，つまり松原の地域の実情がからみながら展開されているので，それをうまく引っ張り出しながら，自分たちの教育現場を変えていく原動力のようなものをもっています。そこにこの本の核心があるのです。

目次

# 子どもが先生が 地域とともに元気になる 人間関係学科の実践

# 第1章

# 松原市立松原第七中学校区の実践と特長

# 1　実践の全体像と特色

## はじめに

松原市は，大阪府のほぼ中央に位置し，大阪市や八尾市，堺市，羽曳野市，藤井寺市に接している。当初は田園都市として発足したが，交通の便利なところから，昭和40年代に急激に人口が増加し，現在では約12万5,000人の住宅都市に変貌している。

松原市立松原第七中学校（以下，松原七中）は，昭和60年，文字どおり，市内で７番目の公立中学校としてスタートした。その四半世紀の歴史の中で，松原七中が大切にしてきたことが二つある。それは，「人権教育」と「学校と地域・保護者との協働」である。

### （1）松原七中の人権教育～多文化共生教育を中心に～

松原七中には，外国にルーツがある子どもたちが在籍している。当初は，中国にルーツがある子どもたちが多かったが，近年は日本社会の国際化，就労状況の変化や国際結婚の増加により，タイやフィリピンの子どもたちなども増えてきている。

この子どもたちのアイデンティティを大切にし，彼らが日本社会で生きていく力をつけていくことは松原七中の教育の課題の一つである。同時に，日本の子どもたちに，自国の歴史や文化に愛着をもち，互いの違いを認め合い，外国の人たちと協調する，あるいは，海外で活躍できる力をつけていくのも教育の大きな目標である。

そこで，松原七中では，創立当初より実践の一つの柱に「多文化共生教育」を位置付け，各教科や行事，総合的な学習の時間の中でさまざまなプログラムを行ってきた。また，「出会い・生き方学習」として，地域の中に課題を見つけ，地域で活躍されている多様な大人と出会い，地域をフィールドに子どもたちの学びを展開してきた。

例えば，「職場体験学習」や身近に住んでいる外国の方を招いた「聞き取り学習」や民族料理や民族音楽などの「体験学習」，そしてそこから発展させた，神戸方面への校外学習や長崎への修学旅行などがそれである。

一方，校内に「日本語教室」を設置し，外国にルーツがある子どもたち一人一人に対応した個別支援を行ってきた。それは，日本語の習得を柱としながらも，忘れていく母語であったり，母国の文化の学習である。また，子どもたち以上に，日本社会になじめず，悩みを抱えた保護者への支援も，この日本語教室の大きな役割である。

このように，一人一人の子どもたちの生活を丸ごと受け止め，子どもたちをつなぎ，育んでいく実践は，松原七中教育の「原点」ともいうべきものであり，本書のテーマである「人間関係学科」（略称 HRS）※1の展開や「不登校生等の支援」に，この学校文化の伝統が大いに活かされていくことになる。

## （2）学校と地域・保護者との協働〜地域教育協議会と PTA 活動〜

### ●地域教育協議会と校区フェスタ

「地域の学校に！」これが松原七中の学校運営の大きな柱である。単に「地域に開かれた学校」「地域と連携した学校」ではなく，「学校と地域が"協働"して子どもを育む"地域の学校"」をめざしてきた。

そして「地域の教育力を学校の力に」と考えた当時の教職員たちは，松原七中校区青少年健全育成協議会の方々に呼びかけ，松原七中の中庭で「第１回松原七中校区国際文化フェスタ」を開催した。平成７年のことである。

**松原七中校区国際文化フェスタのテーマと目的**

テーマ「夢・地域・共に生きる」

目　的「松原七中校区における国際理解と交流を深めるために国際文化フェスタを行い，さらに，地域ネットワークを促進する」

この「フェスタ」は，今年（平成24年）で18回目を迎え，今では，松原七中の運動場を会場に，5,000人余りの人々が集う「地域の祭り」になっている。

フェスタの主催は，その後，青少年健全育成協議会から松原七中校区地域教育協議会（以下，地域協）に移行したが，現在，地域協は，幼稚園，小学校，中学校はもちろん，松原七中校区の子育てにかかわる団体がほぼすべて参加しており，フェスタをはじめ，「子育て講座」や「防犯教室」など，学校と地域が協働した子育ての取組みを行う母体となっている。

「地域の祭り」であるフェスタには二つの大きな意味がある。それは，一つ目は，学校（教職員）と地域が互いに「顔の見える関係」になったことであり，二つ目は，地域が具体的に，「子どもたちの育つ場」を提供してくれることである。

### ●学校と地域，互いの顔が見える関係

フェスタは，年に１度の学校と地域の協働の象徴的なイベントである。当日のイベントはいうまでもなく，開催までの過程も大きな意味をもっている。このフェスタを毎年，11月の第二土曜日に行うために，年度当初の４月予算総会から３月の決算総会まで，毎月のように，事務局会議や役員会を行う。また，フェスタが近くなると，参加団体のすべてが集まる実行委員会も行う。このように，11月のフェスタに向けて，学校・地域・保護者が話し合いと作業を年間

を通して積み上げていく。この過程の中で，生まれてくる信頼関係（互いに顔と名前が一致し，気心も知れた関係）が，大きな財産となる。

例えば，地域の公園でゴミを散らかしている中学生がいたとすると，「この間，こんな子がいたから注意しておいたよ！」と地域の方から声をかけていただくことも多くある。このように，地域の様子や子どもたちの状況等を交流し，情報を共有していくことで，信頼は深まり，次の新しい取組みの原動力となっている。

### ●地域の中で育つ子どもたち

フェスタを積み重ねる中で，当初は舞台出演や単なるお客さんとして参加をしていた中学生から「自分たちもスタッフとして準備から当日まで参加をしたい」という機運が高まってきた。

そこで，中学生のボランティアをつのり，フェスタを運営するスタッフとして位置づけることにした。つまり，中学生は大人と一緒に「地域を創る地域の子ども」としてフェスタに参加することとなったのである。

松原七中は，在校生300人足らずの小さな学校であるが，フェスタ当日は100人を越す子どもたちが，ボランティアスタッフとして活躍をする。ゴミ収集を担当する「エコスタッフ」，舞台の進行を担当する「ステージスタッフ」，バザーをし収益をユニセフなどに寄付する「バザースタッフ」，お客様に抹茶をサービスする「お抹茶スタッフ」……。フェスタ当日は，大人に混じって，中学生たちの活躍があちらこちらで見られる。

地域から見れば，“中学生の働きなくしては，この地域の祭りは存在しない”し，中学生にとっても，“自ら進んで行ったことで，地域の大きなイベントの成功に一役買った”という達成感が生まれる。このように，「大人（地域）が子どもをあてにし，子どもはあてにされ，やり遂げた喜びを感じる」関係が，松原七中校区の子どもたちに（大人にも）大きな変化をもたらすこととなる。

## （3）子どもたちの変化

フェスタにおけるボランティアの経験は，中学生が普段の学校生活で見せていたのとは違う顔で活躍できること，そして，勉強などとは違う多様な評価軸でたくさんの地域の大人からほめてもらう（評価される）ことが，子どもたちにとって，とても意味があることに気づかせてくれた。子どもたちの顔が徐々に柔らかくなり，「おはようございます」「こんにちは」と自然な形で，教職員や地域の大人にあいさつできる子どもたちが増えてきたのである。

この経験から，子どもたちが地域で活躍できる機会をつくろうという機運が高まった。「地域で，子どもをほめて育てよう」のスローガンを掲げ，先述したフェスタをはじめ年３回の土曜日に行う校区清掃活動（クリーンキャンペーン）や，小学生対象に行うハイキングやスポーツ教室のスタッフとして中学生がボランティアをする仕組みを，地域協が学校と協力して整えてくれた。当初は，「本当に中学生が喜んで参加するのか？」という不安がないわけではなかったが，予想に反して，たくさんの中学生が，継続的に参加をしてくれている。

さらに，それだけでは満足せず，生徒から「もっと日常的にボランティアをしたい」という声があがり，「生徒会ボランティア手帳」がつくられた。ボランティア手帳とは，もともと，地域の方々が松原七中生が地域で行う校区清掃活動や校区フェスタでの活動を評価するものとしてスタートしたが，それに付け加え，生徒会も独自でボランティア手帳を始めた。現在は，校内の花壇の花植え，朝のあいさつ運動，クリスマス校区清掃活動（「お掃除サンタさん」），東日本大震災に対する寄付の呼びかけ……等々，生徒会が中心になって，たくさんのボランティア活動が次々に行われ，たくさんの生徒が，その活動に参加するようになっている。

松原七中は，平成15年度より，不登校に係る研究開発学校（文部科学省）に指定され，「人間関係学科（HRS）」の研究開発[※2]に取り組むことになった。これまで述べてきた「人権教育」と「学校と地域・保護者との協働」など，それまで松原七中が大切にしてきた教育活動と，新しくはじまった人間関係学科がうまく融合して，松原七中の子どもたちは，ポジティブな姿勢で学び成長してきていると感じている。

※１：人間関係学科（HRS：Human Relation Studies）とは，研究開発学校（文部科学省）の指定にともない松原七中が研究・開発に取り組んだ新教科であり，全生徒を対象に週１時間，年間35時間程度を実施した。ストレスマネジメント，ソーシャルスキルトレーニング，グループエンカウンターなどの手法を取り入れ，「子どもたち一人一人の自尊感情を育て，主体性を引き出し，望ましい人間関係を作り出す力」の育成をめざした。また，学校行事や地域の取組みと関連させることにより，単に知的な理解にとどまることなく，子どもたちの実践的なスキルや態度として発展することができるよう工夫したものである。

※２：第一期研究開発……平成15～17年，第二期研究開発……平成19～21年

〔糸井川孝之〕

# 2 実践の骨格

## （1）なぜ「人間関係学科」開発に取り組むことになったか

### ●子どもたちの可能性を信じる

子どもたちをとりまく社会状況は厳しいものがある。その中で，子どもたちが「できない」「しない」のではなく，さまざまな体験不足から「知らない」ということに気付いてきた。嫌なことやつらいことがあったとき，攻撃的な言動で気持ちを表現することしかできない子どもには，そうならざるを得ない生い立ちがあった。我慢することしか教わらなかった子どもは，我慢することしかできない。今の子どもたちは，昔の子どもと何も変わっていない。

そう私たちが改めて考えられるようになったきっかけは，中学２年生の職場体験学習だった。１人の子どもが言った。「働くって，しんどいけど，おもしろいな。怒られてばっかりやったけど，腹立てへんかってん。できるようになったら，むっちゃほめられたで。先生，もっと職場体験みたいなこと，やらせてえな」。

地域の工場で働くことで，今までとは違う自分に出会ったのだ。学校で，多様な経験をさせることで，子どもは子どもとして成長できるはずだ。「子どもは，昔と何も変わっていない。子どもを取り巻く社会が変わってきたのだ。私たちが子ども時代に経験したことを学校で提供すれば，必ず子どもは周りの大人を信頼し，仲間との関係が築けるはずだ」と。今の子どもの状況を考えながら子どものもつ可能性を信じること，その可能性を引き出すための新しい教育内容を創り出すことが，私たちの目標となった。

## （2）「人間関係学科」開発の過程

### ●どんな子ども・どんな大人に成長してほしいか

会議では，子どもたちの「できていないこと」の指摘から，「何ができるようになってほしいのか」「どんな大人に成長してほしいのか」が中心の話題となってきた。その中で，特に話題になったのが，「どんな経験が不足しているのか」ということだった。子どもが起こす事象の指導ではなく，事象を起こさせない指導があるはずだという気持ちが全面に出てきた。そのために，人間関係学科を開発するにあたり，人間として身につけておくべきスキルをまとめようと検討した。そのとき参考になったのが，WHO が提唱する10のライフスキルであった。

私たちは，この10のライフスキルを新しい指導の目標に設定した。しかし，これら10のスキルを網羅した指導計画を作成することは無理があると考え，できることから一つ一つクリアしていくことにした。初めに，子どもたちの現状の中でいちばん課題だと考えていた情動やストレスへの対処を実践することとした。

ストレスのメカニズムやストレスへの具体的な対処の方法を学ぶ中で，子どもたちはどんどん変わっていった。今まで腹が立つとすぐに相手に手を出していた子どもが，嫌なことがあっても我慢していた友達がいたことを知って，大きな驚きの声をあげた。つらいことから逃げてばかりいた自分のことを許せなかった子どもが，それもストレスへの対処法の一つだと知り，「ほっとした。自分なりのストレス対処をしてたんだとわかって，うれしかった」と言った。

この学習が，私たち教師を勇気づけた。子どもは，変わる。子どものニーズに応じた指導内容を提供すれば，子どもは，私たちが予想する以上のことを学ぶのだと気づいた。

### ●仲間とつながるワークショップ開発へ

クラスには，さまざまな子どもがいる。みんな顔が違うように，考え方や感じ方が違う。

「違いがあってあたりまえ」「違っているからすばらしい」と私たちは常に子どもたちに話していた。一方で，同じことができるように要求してもきた。その二つを体感できるプログラムを子どもたちに提供したい。互いを理解しあい，思いやり，つながっていける体験を。それは，昔の子どもたちが，遊びの中で自然と感じ，身につけてきたことである。遊びを通して，仲間とつながる楽しさを感じることができるよう，プログラムの作成を始めた。プログラム作成にあたって，大切にしてきたことがある。

①子どもの実態やニーズを把握し，ライフスキルの中からターゲットとするスキルを絞る。
②指導する教師の個性を生かす。
③効果が学力差で左右されないようにする。
④簡単・簡潔で，子どもたちが工夫する余地を作る。
⑤スモールステップで，達成感が感じられるようにする。
⑥集団の状態によって，個人・少人数・グループなど多様な形態で取り組めるようにする。

人間関係学科は，人との関係を築くということは，楽しくうれしいことであるということを感じさせることをめざしている。そのために，子どもも指導する大人も人間関係学科に取り組むすべての人が楽しめること，嫌な思いや無理をしないこと，創る喜び・楽しさを感じることを大切にしてきた。

## （3）「人間関係学科」に取り組んで

### ●子どもたちの変化

全員が楽しめる人間関係学科。それがねらいだったが，私たちは，即効性があるとは予想していなかった。漢方薬のように，じっくりと子どもたちの心に届いてくれれば，という気持ちだった。

しかし，それは違っていた。子どもたちは人間関係学科の授業を非常に楽しみにし，「次は何をやるの？」「今度も期待してるで！」と口々に言ってきた。仲間との関係を築くのが苦手だった子どもが，「人とつきあうのはむずかしいと思ってたけど，どうしたらいいのかわかってきたからうれしい」と伝えてきたりもした。「人間関係っていうのも，教えてもらうもんやねんなぁ」とつぶやく子どもも出てきた。じっくりどころか，子どもたちは日に日に変わっていった。

**●教師の変化**

私たちにとって，子どもたちに人間関係学科が大きくヒットしたことはうれしい誤算だった。それが新しいプログラム作成の原動力になった。子どもたちの期待にこたえたい。もっともっと喜ばせたい。心が弾んだ。教具づくりにも力が入った。「こうしたほうがおもしろい」「言葉で説明するより，劇でモデリングしたほうがわかりやすい」。アイデアがどんどん浮かんでくる。100円ショップで「ネタ」になりそうな物があれば，すぐに話し合い，次のプログラムに活かす。私たちの中にあった「創る」喜びがあふれ出してきた。「創る」プロセスで，私たちはさらにつながりと自信を深めていった。

そんな中，「こんな楽しい授業，学校の中だけではもったいない」と，地域や保護者対象に人間関係学科のプログラムを実施することにもなった。人間関係学科は，子どもたちだけでなく，私たち教師の心もつなぎ，学校全体の活力の源にもなってきた。

**●保護者・地域の変化**

人間関係学科の手法の一つに，ロールプレイングがある。子どもたちの生活の中で起こっている日常的な問題を教師や子どもが演じることで，物事を客観的にみて，解決方法を考えさせる手法である。この手法を，保護者や地域の人々の前で実践してみた。家庭でよくあるシチュエーションを教師がロールプレイングして，保護者や地域の人々に見てもらった。

教師のユーモアを交えたロールプレイングを見て，保護者は教師をより身近な存在であると感じてくれた。また，「先生，あの劇を見て，私はずっと怒りっぱなしやと思いましたわ～。あれでは，子どもはうるさがるだけやと，反省させられました。今日，帰ったら，劇でやってたように言うてみますわ」「学校で，先生たちが必死でやってくれてるとわかって，むちゃくちゃうれしかったです。子どもから，人間関係学科でやってることをもっと聞いてみますわ」と，感想を言って帰られた保護者もいた。

学校・保護者・地域が同じ方向を向いて，子どもを育てていこうと地域の人々からの支援の輪も広がってきた。自分たちがやっていることを，きちんと発信すれば，理解者・協力者は増える。そのことが人間関係学科の学びを深めることにつながると，私たちは実感することができた。

## （4）もう一つの「人間関係学科」

### ●ある不登校生との出会い

「学校がこわい」という子どもがいた。家庭訪問を繰り返し，登校を促し続けると，顔さえ見せてくれなくなった。学校の話や登校を促さなければ，楽しく話ができる。「学校に来なければ，指導も何もできないのに……」とあせりばかりが募った。そんなとき，「勉強はしたいけど，学校には行きたくない。行けない」と子どもが言った。勉強は，学校でなくてもできるのではないか。学校復帰の一過程として，子どもが学校に来られなければ，教えるほうが家に行けばいいのだ。そう気づいたときから，家が学校になった。昼間は，メールで話をした。夜，家庭訪問をして，少しだけ勉強をした。

数ヶ月間そんなことを続けた後，何年間も登校していなかったその子どもは，学校に行ってみようと言い出した。お菓子づくりがきっかけだった。お菓子を作りたいと言った子どもに，学校でなら設備や道具がそろっていると伝えると，学校に行って，お菓子づくりをすると言ったのだ。ほかの子どもから見えないようカーテンをした部屋「ほっとスペース」で，教師と生徒でお菓子づくりを始めた。「ほっとスペース」は教室に入りづらい子どもの個別の学びの部屋である。「ザル」や「ボウル」といった道具も知らない。卵を割ったこともない。ゼロからのスタートだった。

毎日お菓子をつくっていくうちに，つくったお菓子を誰かに食べてもらいたいという気持ちが芽生えてきた。自分で職員室にお菓子を持っていくのは嫌だと言っていた子どもだが，「おいしい」「うまくつくれたね」とほめてもらったと伝えるうちに，自分で職員室に持っていき，「食べてください」と言えるようになった。直接ほめてもらって，少し恥ずかしそうに「ほっとスペース」に戻っていった。

### ●「ほっとスペース」での「人間関係学科」

「ほっとスペース」に通うほかの子たちともボードゲームやマンガで関係をつくってきた。教師とつながりができた不登校生たちへの次の課題は，不登校生同士のつながりをつくることだった。安心できる居場所になった「ほっとスペース」で，少人数でのつながりをつくる仕掛けをさぐった。

共通して興味があるのはテレビゲームである。対戦ゲームを活用して，彼らをつながらせようと試みた。それまでは異なる時間帯に「ほっとスペース」で活動していた子どもたちを，同じ時間帯に活動させた。お菓子をつくっている子ども，ボードゲームをしている子ども，マンガを読んでいる子ども。子どもたちは，自分のしたいことをしながらも，同じ部屋にいる相手を意識している。ことさらに教師を独占しようとしたり，大きな声でつぶやいてみたり……。

できたお菓子は，みんなで食べた。「ありがとう」の一言も，感想も何もない。しかし，翌日は，約束した時間に，誰にも会わないようにして「ほっとスペース」にまっすぐやってくる。

数日後，テレビゲームでの対戦を始めた。最初は教師対子ども A。次は，教師対子ども B。その次も教師と子ども。そのうちに，１人の子どもが言った。「先生ばっかりゲームやってる。ずるいわ」と。部屋にいたほかの子どもも「そうやそうや」と同調する。「そしたら，あんたらで対戦する？」と聞くと，「自分らで対戦する！」と即答。子ども同士の対戦ゲームが始まった。

「ほっとスペース」での「人間関係学科」は，このように，子ども一人一人にじっくりかかわりながら，ゆっくりと慎重に周りの人との関係をつくっていく活動である。クラスで行う人間関係学科とねらいは同じだが，よりハードルを下げ，子どもの実態とニーズに合わせた気付きと学びの時間，それがもう一つの「人間関係学科」である。

〔畠山久子〕

# 3　幼稚園・小学校への広がり

## （1）幼稚園・小学校における「人間関係学科」開発の前提

### ●松原七中の苦悩

人間関係学科に取り組む中で，子どもたちが「友達は，何かあれば離れていくのではないか」，「２人で話したり遊んだりしていると安心するけれど，３人になったら，自分がはずされたような気持ちになってしまう」と友達関係で不安に思っていることがひしひしと感じられた。人との基本的な信頼関係を築く力が不足していると感じられた。同じころ，校区の保育所の先生から「その子どもが人を信じているかどうか，０歳でもわかりますよ。目を見ればわかります。その子が，どんなふうに育つのかも想像がつきます。悲しいことですけどね」ということを聞いた。

人間関係学科のねらいの一つは，人とつながっていける力，自分の存在・周りの存在を認め合える力をつけることである。そのためには，自分も周りも信じられる関係を築くことが大切である。それらの力を身につけるには，早い段階での人間関係学科の取組みが必要であった。中学校の３年間では，それまでの育ちの中で学んだことを練り直すには時間が足りない。ましてや，学んでこなかったことを学び直すにはあまりにも短い。幸い，松原七中校区では，以前から「幼・小・中連携の中で，子どもの11年間の学びを保障しよう」を合い言葉とした校区連携に取り組んでいた。中学校卒業後の進路を保障するには，幼稚園・小学校段階からその時々に応じた課題をきちんと克服し，ベクトルの向きを合わせていこうと実践をすすめていた。小さなころからの人間関係学科の実施。その必要性の理解が比較的スムーズに広がったのには，このような校区連携があったことが一因としてある。

## （2）小学校への出前授業を通して

### ●11年間の人間関係学科へ

とはいえ，中学校で実践している人間関係学科がそのまま幼稚園や小学校での活動や授業として展開できるわけではない。年少の子どもには彼らに特有のむずかしさがある。自分の気持ちを言葉で十分に言い表せない子どもたちが楽しみながら学ぶことのできる授業をつくる必要があった。そのむずかしさを，私たちは人間関係学科開発当初の手法で乗り切っていった。中学校の人間関係学科の授業を，幼稚園・小学校の先生方に積極的に公開する一方，出前授業という形で中学校の教員が小学生に人間関係学科の授業を行ったのである。

出前授業をするにあたっては，中学校の担当教員が小学校に出向き，ふだんの授業のようすを参観した。その上で，小学校のクラス担任とクラスの課題や担任が取り組んでいること，願いや思いを話し合い，小学校の子どもたちの実情を把握しようと努めた。参観は何度も行った。そして，子どもたちに何を学ばせたいか，何に気づかせたいかを小学校担任と話し合い，それをもとに中学校でプログラムの作成にあたった。出前授業は単発授業である。一度きりの授業。「子どもたちを楽しませたい」「楽しく学んで，人間関係学科を好きになってほしい」と，原案を立てた。その原案を小学校の担任に見てもらう。子どもの反応を予想してもらい，可能な限り子どもが抵抗なく取り組めるプログラムへと変更していった。

**●幼児教育に学んだ出前授業**

そんなとき役に立ったのが，幼稚園の指導案である。幼稚園は，遊びの中に巧みに学習内容を取り入れている。子どものモチベーションを高め，遊びを通して自然に子どもが気づいていく。そして最後にはきちんとかたづけをして，楽しかったと笑顔で終わるのが幼稚園の学習スタイルであることを，私たちは校区連携の中で学んでいた。中学校では説明ですませるところを，幼稚園では体験の中で気づかせるのだ。小学校の人間関係学科は，まさにそのスタイルが必要であった。「嫌だから嫌」と言う子どもの特性を，どのようにクリアするのか。「悪ノリ」してしまう子どもにどうストップをかけるのか。子どもを45分間集中させるには，どう組み立てればいいのか。小学生の反応を想定し，クリアする方法を準備して，出前授業に臨んだ。

当日は，中学校の担当教員が主導し，小学校のクラス担任と一緒に人間関係学科の授業を進めていった。子どもたちは「何が始まるのか」とワクワク感に満ちた目で見つめている。中学校教員も緊張した。何があっても叱らないというのが，人間関係学科の鉄則であったからだ。想定外のことが起こったときも，子どものやる気やワクワク感を失わないように周到に準備したはずではあった。それでも何が起こるかわからない。何度か顔合わせはしているものの，子どもたちと関係が深まっているわけではない。そんなドキドキがあった。

しかし，授業が始まってしまうと，子どもたちは最後まで集中を切らさなかった。笑顔を絶やすことはなかった。子どもたちがつまずきそうなことを事前に把握し，プログラムを工夫していたことに加え，中学校の担当教員のリードに合わせて，小学校のクラス担任が細かいことをフォローし，トラブルの種になりそうなことを取り除いてくれたことが成功の一因だった。子どもたちは，私たちが気づいてほしいと思っていたこと，学んでほしいと願っていたことを，何げなくつぶやいていた。授業の終わりには，クラス全員が「また，したい！」と言って，私たちを取り囲んだ。

### ●気づきと収穫

低・中・高学年で１クラスずつ計３クラスの出前授業を行った。それを校区幼・小・中の教職員が参観し，検討会を行い，プログラム開発からの経緯を報告し，実践の結果を検証した。その討議の中で，中学校教員は，子どもの現実から学ぶこと・子どもの反応を想定してプログラムを作成することなど，プログラム開発の基本を確認することができた。小学校からは，「子どもたちの新しい姿を見ることができた」「子どもたちの実態をきちんと把握し，現実に応じたプログラムを提供することで，子どもたちはさまざまな学びをすることがわかった」「小学校でのクラス遊びや班遊びなどを計画的に進めていけば，人間関係学科の授業になると思った」などの意見が出された。幼稚園からは，「幼稚園の指導案が役に立ってうれしい」「幼稚園では，深く学ばせることよりも，人間関係に必要な基本的なことをできるだけたくさん子どもたちに提供して，その後の学びや気づきにいかせるようにしていきたい」という感想があった。

このような校種を越えての人間関係学科プログラム実践で，幼稚園や小学校でも十分に人間関係学科が有効であることを，校区の教職員全員が実感することができた。また，プログラム開発に小学校担任が加わることで，プログラム作成の楽しさを伝えることもできた。「つくる」喜びを教員が感じること。今まで幼稚園や小学校で取り組んできたことを整理し，計画的に子どもに提供することで子どもたちの人間関係を結ぶ力を育むこと。それを学べたことが出前授業のいちばんの成果である。

人間関係学科は，指導者が子どもたちに材料を提供し，子どもたちとともに「つくる」授業である。その原点を校区全体で共有できたことが，その後の校区連携の中での人間関係学科へと進んでいくきっかけとなった。

〔畠山久子〕

# 4 学校の置かれた文脈に即した研究開発

本章第１節で述べられたように，松原七中は，開校当初より「人権教育」と「学校と地域・保護者との協働」を教育実践の根幹に置いてきた。重点的な取組みが生徒指導，国際理解（多文化共生）教育，不登校生支援・人間関係学科と変化してもそれに揺らぎはない。というよりも，子どもたち一人一人が大切にされる学校づくりが人権教育であり，また地域の現実に学ぶことが地域との協働に欠かせないのであれば，子どもたちや地域の課題やニーズ（願い）に応じて教育実践が変化することは必然であろう。そして，さまざまな教育実践を生み出し成果を上げてきたのは松原七中の教職員の集団としての力によるところが大きい。子どもたちを教職員全体で，地域全体で育てていこうとする基盤ができているのである。本節では，そうした松原七中の特長を意味づけするなかで，人間関係学科が松原七中にもたらしたもの，さらにはソーシャルスキルの学習に示唆するものを示していきたい。

## （1）人権教育

松原市，さらには大阪府の多くの学校は，以前より人権教育を教育活動の中心に据えてきた。松原七中においても人権教育の観点から国際理解（多文化共生）教育が取り組まれてきた。人権教育は，文部科学省の「人権教育の指導方法等の在り方について［第三次とりまとめ］」(平成20年）によると「人権に関する知的理解と人権感覚の涵養を基盤として，意識，態度，実践的な行動力などさまざまな資質や能力を育成し，発展させることをめざす総合的な教育である」とされている。そのためには，よくあるような人権に関する講演会を開くといった行事だけでなく，日常的な学校生活に人権教育が浸透していなければならない。人権教育の幅の広さは，「人権教育の４側面」という考え方に表れている。すなわち①人権としての（as）教育（学習権の保障)，②人権についての（about）教育（人権内容についての教育)，③人権を通じた（in or through）教育（互いを尊重し合う人間関係づくり，一人一人の良さを大切にし，自尊感情を高めていく教育)，④人権に向けた（for）教育（人権文化を守り育て，また創造する市民の育成）である。松原七中に置き換えれば，それは①基礎学力保障，②国際理解，③集団づくり，④ボランティアなど地域活動への参加といった取組みに具体化されている。

人間関係学科は，直接には③を深化させたといえるだろう。いくら知識として人権を学んでも，教師が高圧的であったり，ふだん生活している学校が安心して学べる場でないならば人権教育とはいえないだろう。お互いを尊重し，思いを聴きあう学級集団づくりは，松原七中において以前から取り組まれてきたことではあるが，そこに具体的な技法（スキル）を導入することで生徒と生徒， 教師と生徒のコミュニケーションがより「やわらかい」ものになっていった。人間関係学科におけるソーシャルスキル学習は，仲間とつながり，安心して学び生活できる場を生み出すための技法の習得なのである。また，ますます私たちの社会がコミュニケーションのスキルを求めるようになってきていることを考えると，それは子どもたちにとって生きていくための基礎学力の一つとなりつつある。すなわち人間関係学科は，①の側面ももっている。うまく自分の想いを伝えられなかったり，感情をコントロールできないために，社会でうまくやっていけない若者に，ソーシャルスキルという「鎧」を身につける取組みである。またこの「鎧」は④人権に向けた教育の側面，すなわち社会に参画し，人権文化を創造していくためのスキルであるともいえる。人間関係学科は，いわば人権教育の理念に具体的な一つのかたちを与えてくれたといえるだろう。

### （2）研究開発を通じた高め合う教職員集団づくり

松原七中では，学級王国や教師のスタンドプレーは見られない。問題を１人で抱え込むことはなく，ある生徒の課題は学年で，学校で共有される。日常的に担当外の授業や教育活動に顔を出す教師も少なくない。１人では十分な対応ができない事象でも，複数の教職員が協力し体を動かし知恵を絞ることで,生徒たちにより豊かな学びと育ちの環境が,また教職員自身にとっても成長できる環境が用意されている。

人間関係学科のカリキュラム開発や不登校生支援に全教職員で取り組んだことが結果として，松原七中としてのビジョンの共有につながっている。人間関係学科の研究開発は，教職員が同じ方向を向いて教育実践に取り組むメディア（媒体）としての役割を果たしているのである。共通課題に取り組んでいく中で，同僚性が育まれるとともに，指導技術の伝達など若手教師の育成が行われている。「『研究指定はしんどいから嫌や』という学校もあるけれども，『しんどいけれども，やろうや。校内が活性化し，何か得られるものがあるんちゃうか』というスタンスで積極的に学校づくりに取り組んできた。それにみんなも乗ってくれたんです」とは，平成19年当時の松原七中のミドルリーダーの１人の言葉である。松原七中は，管理職の指導助言のもと，信頼されロールモデルとなる複数のミドルリーダーと，かれらに導かれ成長する若手の教師たちを中心に実践を生み出してきた。ベテランの力のある教師たちは，しばしば自分の受け持ちクラスだけをうまく運営するが，それでは宝の持ち腐れである。松原七中のミドルリーダーはその経験を若い教師に伝える。一方若手の教師たちは，経験が浅くても責任ある役割を担わされている。その役割は時に大きすぎると感じられることもあるが，後ろに先輩教師たちがついていてくれるという安心感に支えられて，教育活動に取り組んでいる。

ベテラン教師たちは研究開発の先頭に立ち，若い教師はその背中を見て必死についていこうとする中で実践の深化と学校のチーム力の向上が図られている。お互いが信頼し合い，支え合い，高め合っていく教職員文化が松原七中にはある。そうする中で新たな学校文化が醸成される。人権教育が基盤にあることに変わりはないが，その手法は人間関係学科によって体現されるようになった。人間関係学科の研究開発に取り組む中で，教師たちは自分たちの生徒への接し方が「やわらかくなった」という。また，同時に不登校生の支援に取り組む中で，困難を抱えた一人一人の生徒を学校全体で見ていこうという雰囲気が生まれてきたという。教職員が学校のビジョンを共有し，学校文化を創造する場を人間関係学科は与えてくれたのである。

### （3）地域との協働

松原七中にとって，教育は学校だけ，教職員だけで営まれるものだとは考えられていない。地域との協働が，学校教育の根幹に据えられている。松原七中は歴史の浅い学校で，開校当初は地域とのつながりが弱かった。地域に支えられた伝統ある学校とは逆に「おらが学校」という意識も薄かったという。開校時の松原七中教職員集団は，この逆境を逆手に取り，中学校が中心になって地域を創っていく教育コミュニティづくりをめざした。多様性のある地域を結び付け「松原七中校区」としてのまとまりを生み出そうとしたのである。

教育コミュニティとは，教職員，地域住民，保護者，行政関係者，NPO など子育て・教育にかかわるさまざまな人々が学校に集い，ともに力を合わせて，共通の課題に取り組むことで，地域社会全体で子どもたちを育んでいこうとする人々の有機的なつながりである。松原七中の教育コミュニティづくりを促進したのは，「国際文化フェスタ」の取組みである。フェスタの開催に向けて集まり交流する中で地域のつながりも広がりと深みをもつようになってきたという。

地域協や保幼小中高連携など，地域や学校の課題を議論し，具体的な対策が練られる場がある。また，子どもたちと地域をつなぐイベントがあり，地域の中で育てられている実感を身につけている。人間関係学科も松原七中から校区の２つの小学校，幼稚園へ，さらに地域へと広がっている。

学校だけで教育が完結すると考えられていないので，特に若手の教師は，地域協にかかわることを当然のこととして教えられ，地域で揉まれる中で成長するという。地域の活動に参加し，保護者や地域住民の声を聴き，学校では見せない生徒たちの地域・家庭での姿を知ることで教師としての力量が磨かれる。さらに地域に顔を見せることで保護者の学校への信頼も高くなり，そのことが間接的に生徒－教師関係を良好なものにしていると思われる。

つながりには，結束型と橋渡し型があるといわれる。前者が内向きに結束し排他的なアイデンティティと等質な集団を強化するのに対し，後者は外向きに開かれ，さまざまな社会的亀裂をまたいで人々を包含するネットワークである。結束型は，目標や価値観を統一して，みなが同じ方向に向けて協力することで学校地域一体となったパフォーマンスを発揮することができるが，学校活動にそりが合わなかったり消極的だったりする人たちを排除してしまいかねない恐れがある。一方，橋渡し型は，自分とは異なる人や集団とのつながりを結ぶことにより，多様な情報や力を得ることができるが，結束型ほどの活動力を生み出すことがむずかしい。

松原七中の教育コミュニティは，結束型と橋渡し型の双方のよい面をうまく生かしていると思う。すなわち，「子どもたちのために」みんなでがんばろうという結束型の推進力と，地域の多様な団体の出会いにより新たなつながりを生み出す橋渡し型の多様性が共存しているわけである。その中で，学校の課題を地域の課題として，地域の課題を学校の課題として考え，行動する協働関係が生み出されているのである。

### （4）学校・地域の文脈に即した研究開発を

以上みてきたように，人間関係学科の取組みは，松原七中が大切にしてきた人権教育の取組みを深化させ，教職員集団の同僚性を高め，若手の育成にもつながるものとなっている。研究開発に取り組むことが，学校づくりのプロセスとなってきたのである。そしてその取組みは，校区の小学校や地域の中へと広がり，人権が大切にされた教育コミュニティづくりへと向かっている。人間関係学科が，学校を創り，地域をつなぐメディアとなったのである。

「鶏が先か，卵が先か」の議論になるが，もちろん，見方を変えれば教職員の集団としての力や地域との協働があったからこそ，人間関係学科がうまくいったということもできる。すなわち，ソーシャルスキル学習の実践は，個々の教師が１人で取り組むより，学校全体で，地域を巻き込んで行うほうがうまくいくだろうということである。１人の教師ができることは限られている。もちろんできるところから始めることもいいが，できることなら学校内外に「仲間」を見つけ，学校づくりの一環として取り組むことができればとても大きな成果を上げることが期待できる。松原七中がソーシャルスキル学習の研究開発を行うと聞いたとき，私は松原七中の「よさ」が失われてしまうのではないかと心配していた。多様な仲間，教職員集団，地域住民とのつながりの中で生み出された多くの教育実践が，子どもたち一人一人の「心」と「スキル」を鍛えることだけに矮小化されてしまうのではないか。子どもたちや地域の現実に学び学校を創ってきた松原七中が学校や社会の矛盾から目をそらし，子どもたちの個性が排除され多様なつながりが失われるのではないか，子どもたちは自分の感情を内に溜め込み，学校への同化を強いられるのではないかと。しかしそれは杞憂だったようである。人間関係学科は，子どもたちを孤立させたり，画一性を強いるのではなく，仲間とつながり，一人一人の個性を大切にし，社会に参画していくための技法を身につけさせることに成功している。松原七中の「よさ」をさらに深化させるツールとなったのである。

新たな取組みの成否は，それまである学校の文化や学校が置かれた状況に依存している。松原七中では，人権教育や地域との協働とうまく接合し，それを生かした研究開発に成功した。読者の皆さんの学校には，またそれぞれの学校が置かれた文脈があると思う。ソーシャルスキル学習は，単純な「パッケージ商品」ではない。学校の強み，地域の強みをうまく生かして実践に取り組むことが大切だと思う。

〔若槻健〕

コラム1

## 地域・子ども・教師を巻き込む「劇」

平成20年５月10日，松原市立松原第七中学校（以下，松原七中）校区地域教育協議会（以下，地域協）予算総会でのこと。

恵我幼稚園，恵我小学校，恵我南小学校，松原七中の教員と，地域協の役員さんたちによる学校と地域のコラボレートとして，人間関係づくりの大切さを地域に訴えかける「劇」に取り組んだ。「劇」のタイトルは「我らが松原第七中学校区」。脚本・監督は，初任６年目（当時）の教員だ。彼は，人間関係学科の申し子とも言うべき存在で，劇の台本づくりはお手の物である。これまで，彼は，多くの人間関係学科にかかわる劇の台本を手がけてきた。

劇の中では，主人公「長尾彰太郎＝松原七中生徒」を取り巻く人間関係が描かれている。コミュニケーションによるすれちがいが，彰太郎の友達関係だけでなく，長尾家における家族の関係にまで影を落としていた。そこに登場したのが「地域のおっちゃん」。あたたかい言葉かけによって，もつれた糸がときほぐされていく。学校や地域における人間関係の大切さをメッセージとして発信した。また，人間関係学科の様子や，ボランティア活動であるクリーンキャンペーンのことも題材として扱われている。笑いあり涙ありの演技に，予算総会に参加した地域の皆さんは，コミュニケーションの大切さと人間と人間の絆について，一人一人が何かを感じて帰った。

地域協の予算総会には，それまでは，松原七中の教員のみによる劇を披露していたが，平成19年には，幼稚園・小学校・中学校の教員で劇に取り組み，平成20年には地域の人たちを巻き込んだ劇へと発展していった。そして，現在では，幼稚園・小学校・中学校の教員が，アイスブレーキング，ショートエクササイズ，ロールプレイングをそれぞれが分担をして，授業として地域の人たちとともに，人間関係づくりを体感している。

ちなみに，人間関係学科の中では，「劇」はロールプレイングとして，プログラムの中でも重要な位置をしめている。子どもたちの生活はさまざまだが，それぞれが望ましいと感じるあり様（モデル）を必ずもっている。しかし，それが何なのかそしてどんなものなのかを自分自身でつかめていなかったり，わかっていても出せないような人間関係であることが普通なのだ。それを，あえてロールプレイングという手法により，スキルとして提示することで，人間関係学科という仮想の空間で考え，そして実行していく。そのプロセスを通じて，「望ましいあり様」をつかんでいく。ただし，それがすぐにでも使えるものは，１割にも満たないだろう。しかし，その１割にも満たない努力と，それを演じたプロセスというものが非常に重要だ。ロールプレイングを積みあげていくことにより，子どもたちの「あり様」へと変化していくのだから。

〔深美隆司〕

第2章

# 人間関係学科の出立，展開，そして評価

## はじめに

研究開発初年度の教師たちは人間関係学科についてどのように捉え，人間関係学科をスタートさせたのであろうか。そして，その後赴任してきた教師たちは人間関係学科をどのような思いで受け継いできたのであろうか。座談会の概要を教師の発言ごとに要約したものを以下に紹介したい。座談会は平成23年11月30日に収録され，勤務年数や所属等はその時のものである。なお，松原市立松原第七中学校の呼称については，出演者の「七中」という表現を尊重した。

## 1 第一世代の教師に聞く

### （1）人間関係学科は子どもが自主的，体験的に学ぶ場

私は平成12年に七中に来て，12年目になります。研究開発には担任で最初に参加しました。途中で退職して，非常勤で七中に勤務して現在に至ります。

私が最初に聞いたのは，「不登校に対する何かの指定が入るらしいよ」という話です。当時担当学級に不登校の子がいました。今は「ほっとスペース」になっている部屋ですが，事務机とパソコン１台を入れて，そこへ来させたいと訴えて，学習室を２つに分けてもらいました。研究指定が入って対策が充実し，そういう場所が活用できるようになるのはとてもいいことだと思います。保健室や教室以外で，誰とも顔を合わさずに学校の中に居られる場所というのは絶対必要です。

数年前の発表のときです。体育館で本発表をしているときに私は役割上「ほっとスペース」の番をしていました。そのとき，どこかの学校の先生が１人来られて，「うちの学校はすごく荒れているんです。だからここのやり方は，うちみたいに荒れている学校ではとてもできないのではないですか」とおっしゃったんです。「具体的にはどんなことなんですか」と聞いたら，「休んでいる生徒がいる。たまにやってきたと思ったら金髪で」。「そしたらどうされるんですか」と尋ねると，「学校に入れられないから，門で追い返すしかないんです。ここだったら教室へ入れるんですか」と。「学校へ来たら，まずは『よう来たなあ』って言うけれど，教室には入れずに職員室へ入れる，というやり方をしています」と言ったら，「ああー……」と。その学校は絶対学校の敷地内に入れないそうです。

「そこなんですね」と言っておられました。七中では，教室には入れないけれども職員室へ。いろいろな状況の子を受け止めるのはなかなか大変なことだと思いますが，「教室に入らないまでも職員室へはきちっと顔を見せる子は何人かいました。大変な子どももいますけど，職員室までは入れてます」ということを話したら，「やってみます」と言われました。

次はある学年の話です。１年生のときはすごく落ち着きがなくて，それこそ虫が１匹飛び込んできたら，教室中騒然となって授業どころではなかったのが，３年になったら蚊がブーンと

飛んでくると，ピッと捕って後ろへ順々に回していく。実は1時間に何匹捕まえるかを調べていて，それをしーんとしながら，蚊が飛んできたら捕まえて，黙って後ろに回していたのです。捕った蚊は，いちばん後ろの子が並べて，最後はテープで留めるんです。そして1時間に40匹も飛んでいるから何とかしてくださいと言ってきました。3年間で大きく変わりました。

私は理科なのですが，授業をやっていく中で，子どもにいちばん何が残るかというと，やっぱり実験したことです。失敗したこと（ガラス割ったとか，やけどしたとか）も含めて，自分が実験で一生懸命やった中身はよく覚えていることが多いのです。人間関係学科でもそうです。子どもが実際に動いたりしゃべったり体験したりするというのは，たくさん話を聞くことも大事だけれども，それ以上に中へ浸透していく力というのが強いのではないかと思います。子どもが自主的に動けるような人間関係学科を，その学年の状況に応じて必要な内容を系統立てて，やれていけたらいちばんいいのではないかと思います。（秦比左子）

### （2）教師である自分が変わった

平成15年の研究開発1年目からずっと勤務して，9年目になりました。

中間発表と本発表のときに，保護者に人間関係学科を啓発しなければならないというので，教師で劇をしました。夜9時，10時まで練習をしたという覚えがあります。そのとき，「だれがやるの？」から「あ，私がやらなければいけない！」に変わりました。2年目には，全員でつくり出さなければいけなかったのです。

それまで他人事だったことが急に自分もやらなければいけないと思いはじめ。舞台監督が怖くて，何回もやり直しをさせられて。そのときに，「自分がやらなければいけない」と覚悟ができました。今までなら「ここまでしかでけへんわ」というところがあったのですが，それを超えてしまいました。するとどんな役でもできるようになって，数年前に入学してすぐの子どもたちの前で，金髪で短いスカートをはいて，ロールプレイングをしました。そういうのができるようになったというのは，恥ずかしくなくなったのではなく，恥ずかしいのは恥ずかしいのですが，「変われるんだ，自分の殻を破れるのだ」ということを知ったのです。そのことは，すごくよかったと思います。演じられる自分というのもわかりました。

人間関係学科の効果の有無は人間関係学科を学んだ子どもたちの成長として見えてくるからだと思うのです。卒業生を見ても，在校生を見てもそうですが，私たちも抱えている感があるし，子どもたちも抱えられている感があるのだと思います。そしてちょっとずつでも変わってきているという姿を見せてもらえるから，がんばれると思います。また，これが変わらなかったらがんばれないと思います。「変わってるやん，よくなっているやん」と私たち自身も思えるし，周りの方も評価してくれる。そのことで，がんばれるのかなと思います。

現在21歳のお姉さんたち（卒業生）がいるのですが，この間，クラブの指導に来てくれたんです。何週か続けて，土曜日に来てくれました。1年生に教えてくれているのを見ていたら，すごい配慮をするのです。こっちも立てながらあっちも立てるみたいな。これはもしかしたら人間関係学科のおかげかなと感じました。

その子たち，1年生に教えているとき，すごい視野も広いし，ほんとうに一人一人丁寧に認めてあげながら指導しているのを見ていて，わあ，成長したなと思いました。何年かたってそういう姿を見せてもらえるのはすごく嬉しいです。

私は9年目で，もう次の学校のことを考えなければいけないのですが，人間関係学科の授業だけではなくて，担当する国語の授業に返せることをいっぱい学ばせてもらったと思います。それを使いながら次の学校でもうちょっとがんばろうかなと思います。自分の力量と言ったらおかしいですけど，私自身のスキルとして，ちょっと高めることもできたかなと思います。それを次の学校で使って，人間関係学科で学んだことをちょっとでもほかの人に見てもらったり，伝えられたらいいかなと思います。30年くらい前の教え子，いまお父ちゃんお母ちゃんでいるのですが，「信じられない」といつも言います，今の私が。「そんなんじゃなかった」と。確かにそうなんですけど，9年間ここにいたおかげで，変われた部分はものすごくあるので，それを次に生かせたらなあと思います。 (井上享子)

## （3）人間関係学科で楽しくつながりを作っていきたい

8年目です。ここへ来て「人間関係学科って何ですか？」と意味すらもわからない。ここは4校目で，今までの経験とはぜんぜん違う学校でした。ソーシャルスキルといわれても横文字が苦手な人間なので，会議の話が頭に入らず自分の心の中に落ちてこない。まして子どもに人間関係学科を伝えるのはとてもしんどかったです。私は教科が体育なので，子どもと子どものつながりとか，目と目を合わせてとかは授業でやっているのです。だからあえてそれを何で新しい教科としてやらなければいけないのか，特別な時間として。1年目は苦痛の1年でした。まして子どもの状態がとてもしんどかった。今でも人間関係学科に対しては，納得しているところと，まだ納得し切れていないところがあって，指導案をもらって，「どうすんねん，どうすんねん」と言いながらやっているという感じです。

教師も自分の殻を脱ぎ捨ててやっていると，子どもから「先生大変だね，そんなことまでしなければならないのか」と言われたり。また，人間関係学科の時間は生徒を怒らない，答えを求めないわけですから，お口にチャックだとこっちが思ったら，生徒が自分たちで流れをつくっていく。でないとできないから。こっちがこれやれ，あれやれと言うわけではなくて。サイコロトーキングでも「担任の先生に一言」って入れておくと，「先生出たで！」と言って呼んでくれる。私に一言「ありがとう」とか「なに，それ？」とか子どもが応える。またほかの班から「先生こっち」と呼んでくれたりね。そういうので，私だけではなく，ふだんしゃべらない子でも何か言わなければいけないと思ってしゃべる。そして，学年が上がるにつれて，周りへの気遣いというのができてくる。子どもたちもわかってきて，「あ，今は我慢しとこう」とか，

「あれは許そう」とか，そんな心がだんだん広くなってきて，３年生になってくる。

私は歳も歳だから，変わるということは無理だと思います。自分のスタイルじゃないけど，自分は自分の形でこれからも子どもを見ていくというのが子どもに伝わっていったらいいなと思います。私自身が大雑把だから，人間関係学科を深く追求しないんです，適当にやろうなっていう。こうしなければならないとか思って深刻になり過ぎると，しんどくなるし。研究開発があるときは，これをしなければならないというのがあったけれど，今はないから，人間関係学科の時間はもっと楽しく，みんなでわいわいとやれたらいいかなと，そしてつながりをつくっていけたらいいかなというのが本心です。（中塚淑子）

### （４）人間関係学科は教師が楽しむ心をもって

七中で７年目です。赴任したのが研究開発の本発表の平成17年度で，突然研究授業をしろと言われてビックリしました。

七中に来た初年は，「わたしのじゃがいも（72頁）」などからやりましたが，最初はものすごくすべりました。どこかのクラスが大いにわいていて，自分のクラスはしーんとなっていました。この科目，週に１回くるんだと思ったときに，すごくつらかった思いがあります。でも自分の殻を破るようなことをしないとこれはやっていけないのだろうなって。

現在高校の年代の子ですけど，すごい動作がゆっくりで，みんなを待たせてでも作業をゆっくりする子がいました。ほかの子は，その子のことをずっと待っているのです。１年の最初のころは，プールの授業から20分遅れで教室に戻るんです。本当にマイペース。でも，みんなは怒らない。「なんで」って聞いたら，どの子も「べつにＡ子と話もするし」といった反応でした。人間関係学科では班でしゃべる機会がずっとあります。最初はぜんぜんしゃべれないのだけれど，交流しているうちにこんな子なのかということがわかる。子どもたちが，人間関係学科がなかったらＡ子と仲良くならなかったと言ったんです。あの学年は上がるにつれて，共にいる距離感みたいなものがお互いわかってきたようなところがありました。

伝えるってむずかしいんだなとしみじみ思いました。この学校に来たときに，いろいろなことを目標に，こうやるんだとか，いろいろ見聞きしたことを実践する中で，「ああ，自分は雑だな」と毎時間思うのです。ノリだけでやってしまっている自分，ああまた同じ失敗をやってしまったと思いながらしている自分がいたり。次に新しく来る先生と，人間関係学科の心を一緒に共有できているのかなということを考えたりもします。こうあるべきだというところに自分が未だに縛られているように思います。自分が楽しむという気持ちよりも，こうしなくちゃいけないというところでやっていたから，学年の先生に迷惑をかけてしまうんじゃないかなと思ったりして。自分が楽しんでしたら，やっぱり子どもらも楽しめる。もうちょっとお気楽にというか。ある先生が「人間関係学科は遊び心が絶対いるねん」と言っていたのですが，そのへんの楽しむ心，自分も遊ぶし子どもも遊ぶしみたいな気持ちをもう１回，自分をもう１回ま

た変えるというのがいるのかなと思いました。 (松澤明美)

### (5)そのときの子どもに合った人間関係学科へ常に進化させる

七中に来て９年目になります。研究指定を受けた平成15年度に転勤してきました。僕がこの研究開発でいちばん大きかったと思うことは,「マザーアース・エデュケーション」の松木正先生が来られたときに,いろんな価値観というか,ものの見方を教えてくださって,あ,そういう考え方ができるのか,教師として今までそういう考え方をしていなかったと自分の考えていたことを崩されたことです。

松木先生は,毎年来られて,４年目ぐらいの時に,「先生方は授業をすると必ず終着駅を考える。終着点を」と言われたんです。こういう授業をしたら,こういうものを子どもたちに伝えるんだというのがあって,人間関係学科にもあったんです。ターゲットスキルというのがあるから,これを子どもたちに学ばせるんだという視点でずっとやってきたのを,松木先生は,「違う。答えはないんだ。答えはそれぞれがもっているだけのことであって,教師が設定をするものではない」と。「だからこのプログラムをした中で,自分の中で,こういうものの考え方をするんだとか,こういうことが大切なんだと子どもたちが掴めばいいと。それを教師がつくるのは間違いだ」ということをおっしゃったんです。

僕は数学の教科担任だから,数学は当然目的地はあるんですけれど,それと同じように人間関係学科をやっていたんです。でも,あ,そうか違うんかと。子どもたちが考えるためのプロセスを提供するだけで,結果としては,子どもたちがそれぞれ見つけたらいいことなんだということを聞かされて,自分がやってきたことが根底から崩れたということがありました。毎年毎年,松木先生の同じ話を聞いていても,感じ方が違いました。

人間関係学科だけで七中が変わったとは僕は思っていません。従来の生徒指導の形は必要だと思っています。強い叱責をするということも当然必要でしょうし,なくしてはいけないことだと思うのです。ただそれだけに頼っていると教師と生徒の間は離れていく可能性はある。教師の違う姿をロールプレイなどで見せることで,叱ってばかりいる先生ではなくて,こんな面も先生はもっているんだと生徒には伝わる。

９年前の生徒は僕のことをこわがっていました。卒業生が来て,今の１年生の僕に対する接し方を見たときに,目が点になっていました。「先生,あんなことを言わせていいの」と。それも１つの変化かもしれないですけど。怖いだけの先生だったら限界もあるかなと。自分の中に人間関係学科が加わることで,違う面も見せられて,いろんな姿を見せられるのかなという気がしています。

最初の研究開発の３年間で,うちの学校はすごく変わったのではないかと思います。僕がここに来たときに,みんな体操着で登校している。１年生の子たちには制服を着なさいと言いました。上の学年が着ていませんからなかなかで,日々それで注意をしていたんです。それがどんどん変わってきて，3年のときは，「嘘やろ」というくらい，ちゃんとするんです。制服を着ているのがあたりまえの状態になりました。人間関係学科をやっていく中で，そういう部分も子どもたちの中に培われたのかなと。ただ単に叱責をしてどうのこうのだけでやっていたら，力対力の世界で終わってしまっていただろうから。そういうのが人間関係学科で培われたからこそ，卒業して連絡をしてきたり，世話になった，面倒を見てもらったんだというのがあるのかなと思います。

印象に残っていることですが，1年生のときは人の話がちゃんと聞けない子が，3年になったときうちのクラスにいたんです。その子がクラスをまとめる，自分たちで勝手にルールを決めて何かし始めるんです。僕が知らないうちに何かルールが書いて貼ってあるから，「あれ何？」と聞いたら，「先生，クラスいまこんなんで，授業がんばらなあかんから，自分らでこうやって決めてん」と言うんです。「そのルール破ったらどうすんの」と聞いたら，女子だけでやってたんですけども，女子全員が罰ゲームをする。やった子だけを責めるんではなくて，みんなでそれをすると。

子どもの様子を見ながら指導案を変えてきました。だから同じ指導案でも，やっていることが違っていたり，自分がその指導案をもらったときに自分で勝手に変えているんです。常に子どもの現状を見ている視点というのがあって，予定ではこれをするんだけど，この子らにはこのやり方ではなく違うやり方でやろうというのがあるんです。

指導案をそのままやっているのではなく，いろいろなところで変形している。僕自身心配するのは，新しく来た先生が，その指導案のまましようとすると，破綻すると思います。ベテランの先生は，常に子どもの状況によって，進む方向は一緒なのかもしれないけれども，やり方を変えてしまっている。

ロールプレイングにしても，会話の中身は指導案どおりの会話をしていないです。設定とか。子どもたちはこんなだからこんなのはどうかとか。こんなつくり方をしようかとか。そうすると子どもらは「これ誰々と誰々にあてはまるで」とか言って，ロールプレイングが現実味を帯びてくる。そうじゃないと，子どもの日常から離れた話になってくる。

子どもの現状をみて何かをするということ，これが基本だと思うんです。だから，過去はこんなだったからこうしなければいけないとか，昔はこうだったからこうあるべきだという考え方を僕はしてはいけないのではないかと。子どもの根本は変わらないかもしれないけれど，表現されている部分は，何年も前の教え子が中学生のときと，今の中学生は明らかに違います。表現が違うのだから，当然こっちから提供する形も変えなければいけないと思います。基本の部分はしっかり押さえなければいけないけれど，形そのものはどんどん変えていっていいのではないか。9年前の人間関係学科と，今の人間関係学科は違っていいと思うし，違わなければいけないと思う。だから新しい感性で，人間関係学科という名前にとらわれずに，新しい先生たちは子どもたちとのかかわりをもっていってくれたらいいなと思います。　（藤吉俊樹）

## 2　若手教師は人間関係学科をどのようにとらえているか

### （1）人間関係学科は漢方薬のごとく

平成16年に１年だけいて，他校で初任６年を過ごし，今年度七中に戻ってきました。

平成17年に新採で別の学校に行き，そこにいた６年間，自分で考えながらやる中で，七中のときにベテランの先生が言っていたある言葉がよくわかるようになりました。その言葉は「人間関係学科というのは，即効性はない。漢方薬のように５年後，10年後じわじわ効いてくるもんだ」という言葉です。そのとおりだなと。今この授業をしたからといって，じゃあ子どもたちが，「ハイ，わかりました。変わります！」ということはあり得ないということは，わかってきました。じゃあこれは５年後，10年後に放っておいても効いてくるものなのかなあ，と思っていたこともありました。でも，いっぺんやったからといってOKというものでもないなとわかるようになりました。人間関係学科でやったものをいかに日常に返していくか，これが大事だなというところに至ったかなと思います。

人間関係学科の結果というか，終着点はこちらが示すべきものではない，それは子どもが自分の人生の中でたどり着くべきものだと思います。そして授業をするわれわれも，指導方法については自分でたどり着くものだと思っています。指導案を見て，それをどういうふうにやっていくかというのは，その指導案をつくった人はその指導案どおりにできるけど，それを渡された人間は，自分のキャラとか個性もあるし，子どもたちの状況もあるので，自分色にしていく必要があると思います。それがなければ，子どもに伝わるものも伝わらないし，自分色じゃないということは，人ごとみたいな，自分で自分の授業をしていない，人の授業をしているみたいになってくるので，イコール自分が伝えたいものがゼロだということになると思います。

（甲斐史人）

### （2）子どもたちへ１個でもいいから返してあげたい

七中７年目です。平成17年の研究開発の本発表の年に新任で来て，すごく慌ただしく１年が過ぎたのですが，何とかやっています。来た年に，「わたしのじゃがいも」というワークをして，お隣のクラスは右も左もドッカンドッカンと盛り上がっている中，「ああ，これは大変なことをしなければならないのだ」と思いながらスタートしました。人間関係学科では，教材を作るのもすごい時間をかけて，子どもの反応をいろいろ想定しながら，ベテランの先生方が教材を作っていくのを見て，ここまで考えて，しかも時間もかけてすごい仕掛けもつくってすごいと思いました。その中で子どもがすごくいい笑顔をしたり，意外なことを言ったりするのは，そういう準備や想定などがあったからだと思いました。

今年で学年人担（人権教育担当）という分掌をして３年目になりまして，僕も正直最初は出してもらう指導案を受動的にこなしてきましたが，いざ自分が指導案を出す側になってくると，例えばこのワークをしたらこの子はどうなるのかとか，この学年，クラスはどういう風な反応を出すのだろうかとか，そういうことまで考えるようになって，場合によっては，このワークは今はしても意味がないとか，逆に先にこのワークをやったほうがいいとか，わりと大幅に順番を変えたりもしています。これは自分のためにもなるだろうし，将来自分がかかわる子どもたちに，何か1個でも返せたらなあというふうに思います。（松下竜士）

### （3）人間関係学科は自分自身を見る時間

七中に来て4年目です。初任校が七中です。

七中は小さい学校だから，学年全体でロールプレイングをしようとしたら，学年の教師全員に何か役が当たったりします。ちょうど入って来たときの7月かな，「あいうえおロールプレイング（90頁）」をやったときに，僕がした役は，なかなかものが言えない役でした。それがすごく子どもたちに受けたんです。その後に研究主任の先生にフィードバックをもらったのですけど，「あれ，地（じ）とちゃうんかと」と。自分でも後になってあれは地かもしれないと思いました。そういう自分の姿であったりとか，はきはきと言える姿って自分にはないなとか，そういうものを，人間関係学科の授業を通して自分自身を見るという時間になっているんだなと思っています。人間関係学科で自分自身が変わらなければいけないなあというのをすごく考えさせられました。

行事との絡みで，子どもらが職場体験でも校外学習でも修学旅行でも，子どもたちにとって楽しみだと思っている行事と人間関係学科をからめてどんどん盛り上げていけるような，子どもらのモチベーションを上げられるようなそういう仕組みや仕掛けを，自分もやっていて楽しめるような，そういうことでつくっていけたら，盛り上げることできるなあと思って，そういうふうにやりたいなと思っています。（川口剛史）

### （4）子どもの力を借りながら

七中に来て2年目です。七中の卒業生です。

3年生の卒業式，この学校へ来た初年に，違う学年だけど涙が出てきた。みんなでがんばってきた3年間を最後の最後で，子どもたちのつながりが見えるような卒業式だったなと。特別支援学級の生徒が壇上に上がっていくときに，男の子女の子関係なしにそっと手をさしのべてあげて一緒に上がっていってという姿が，自然とやっているところを見て，ああ，こういう学年にしたいなという思いが強くなったというのが記憶にあります。

公開授業を2年間の間でさせてもらって，先日，「ポポポポーン」というワークを教えていただき，クラスでやりました。公共広告機構のこの台詞をみんなで言い合ったんです。「おはよう」って言ったら「おはよう」と，みんなで言い合って，途中で「たのし〜い〜」という感じで立ち上がってハイタッチするという。僕も思いきってやったんです。1人の子の協力があって，事前にちょっとこういうことをやるからいきなり帽子をかぶって先生とハイタッチしてくれよと，その子だけに言ったんです。その子は，ニコニコとしてバッとハイタッチしてくれて，そこで雰囲気ががらっと変わりまして，全体でハイタッチを，男女問わず，しかも見に来た先生も一緒にするような場面があった。クラスみんなが笑顔でできたというのがすごい，不思議な力だなというふうに感じたんです。それが計算された授業の中でできる場合もありますし，なかなかできない場合もあるんですけど，やっぱり自分だけの力じゃなくて，人間関係学科は子どもの力も借りながら，よりよいものをつくりだしていけたらなと感じました。（大畑直揮）

### （5）自分のカラーで伝えたい

七中1年目，初任者です。

最初4月に来て，「わたしのじゃがいも」というワークを先輩に教えていただいて，実際にやってみる中で，本当にベテランの先生たちの授業は子どもたちもしっかり乗っていて，ノリノリでやっている。なのに，自分のクラスではいったいこれは何の授業をやっているのかなという感じの反応で，どうしたらいいか本当にわからないまま進んでいっていたんです。でもあるときから，「先生，次の人間関係学科何するの？」とちょっと楽しみにしてくれているんだなという反応が子どもたちの中から返ってきて，そういう子どもたちの顔を見ると，いちばんは自分が乗ってやらないといけない，楽しんで自分がやったらそれがすごく伝わるのかなあって。ただ，楽しませるだけではなくて，何を目的としてやっているのかとか，何を押さえとして授業のまとめとしてやっているのかとか，そういうのが自分はまだまだわかっていない状態です。ただ単に指導案をこなしていくのではなく，落としどころというか，まとめどころを自分の中でしっかりもって，それを子どもたちに自分の言葉で，また自分のカラーで伝えていけるように今後工夫していきたいと思います。それをしていくためには，自分が子どもたちを見て，その子どもたちに合った，いまの状態とかも全部含めたうえで，自分なりに工夫していかないといけないなあと思います。（小坂幸代）

## 3 ベテラン教師の視座

### （1）「教える」のではなく，「伝える」

七中へ来て6年目です。研究開発学校指定が終わった次の年度（平成18年）に七中へ来ました。そして平成19年度からの第二次人間関係学科にかかわりました。

荒れた学校，しんどい学校というのは教師自身がへたっているというか，「がんばろうや，やろうや」という人間についていけなくなっている。引っ張ろう引っ張ってよくしようとする先生はよけいがんばろうとして，だんだんへたってくる。悪循環なんです。だから人間関係学科が一つの起爆剤になって，教師がまとまる一つの方法になったらいいわけで。だから人間関係学科をやるとかやらないとかじゃなくて，学校が一つになって子どもたちに対して何かを教えていこう，伝えていこうとなったらいいんです。

しんどい学校って，学校に来ない生徒に対してなかなか目が向かないです。荒れている生徒をどうするかという話になる。楽しいから学校に来る，友達がいるから来るという学校を創っていくために，人間関係学科が一つの手段というか方法にはなっているような気がします。

教師は，それぞれの教科の先生だから，教えるということに専念する。人間関係学科というのは教えるというところから離れているにもかかわらず，ついつい教えようとする。すると，何か失敗するというか，面白くなくなる。教えるのではなく，伝える。いかに伝えるか，伝えることのむずかしさもいっぱいあるけど，伝える気持ちをもち続けるということが，教科に関しても大事になってくるような気がします。

指導書どおり，マニュアルどおりに指導をしていても，頭の上を風が吹き抜けていくだけです。何も心にも頭にも残りません。風は優しく頬をなでていき，風の音は耳を通して心に響き，頭をすっきりさせる。そんな風（指導）を心がけるべきだと思います。（井上訓元）

コラム２

## 生徒たちは人間関係学科をどのように見ていたのか

生徒たちは人間関係学科をどのように体験したのであろうか。

卒業生へのインタビュー内容に基づきながら以下に述べていきたい。

インタビューに応じた卒業生は，Ａ子さん（卒業１年目），Ｂ子さん（卒業１年目），Ｃ男さん（卒業２年目），Ｄ男さん（卒業５年目）の４名である。なお，収録は平成23年12月から平成24年１月の間に行われた。

４人とも，教師による劇がめちゃくちゃ面白かったと答えている。生徒たちにとって，教師が「はじける」ことが，つまり，ふだんの教科授業では見せない姿を劇で見せてくれることが強く印象に残っているようである。また，４人が共通してあげたのが，生徒同士の仲のよさである。人間関係学科の授業で話し合いの時間を多くとっていることをその要因としてあげている。絆が強いと表現した卒業生もいた。同級生の名前や学年の教師の名前をたくさんあげながら，当時の人間関係学科の授業の模様を４人とも語っていた。何を話し合ったかではなく，誰と話し合ったのか，その時間を誰と共にしたのかという，そのときの雰囲気や関係性が明確に記憶として残っているようである。人間関係学科の体験は，感激，感動，喜びといった感情体験とそれに随伴して生じる身体感覚とが一体化して，子どもの心に鮮明に刻まれているのであろう。

人間関係学科の効果として，卒業１年目のＡ子さんとＢ子さんは，人の話を聞くようになったと答えた。現在在籍する高校では，集会でみな私語をしてうるさいし，人の話を聞かない，自分ならば人の話を聞くのに，ほかの人たちはどうして聞けないのだろうと当惑を隠せない様子だった。卒業２年目のＣ男さんは，職場で後輩にどのように話をしたらもっとうまく動いてくれるのか，ということに役立っていると答えた。卒業５年目のＤ男さんは，人間関係学科のおかげで人間関係へ意識が向くようになり，相手によって接し方を変えるようになったし，自分を見つめ直すのに役立っていると答えた。

４人の卒業生とも人間関係学科を「楽しい」と表現してくれた。人間関係学科とは，生徒にとってまず「楽しい」という実感が先決といえる。それをベースとして，教師との関係，同級生との関係，その他のさまざまな関係を次第に構築し，しんどいこと，嫌なことを仲間と共に乗り切り，強い絆が形成されていったのであろう。先述した教師たちも「楽しむ」ということに触れ，教師が楽しめていないと生徒が楽しめるわけがない，何年も人間関係学科を続けられるわけがないと述べている。生徒も教師も「楽しむ」ということが人間関係学科のキーワードなのである。

（西井克泰）

# 第3章

# 実践の背景
# ―地域の力―
# （座談会）

## はじめに

人間関係学科の実施に地域の力は不可欠であった。人間関係学科の黎明期から現在にいたるまでの松原市立松原第七中学校（以後の座談会では「七中」と表記）を支えた地域の方々に集まってもらい，座談会を平成23年12月14日に開いた。所属，肩書き，勤務年数等はその時点のものである。

## 1 自己紹介

**前田正人**　平成８年の恵我幼稚園（七中校区にある市立幼稚園）PTAの会長からで，平成９年に恵我小学校，平成10年，11年に七中PTAの役員をさせていただきました。そこから後は，地域教育協議会（以下，地域協）で約10年。目下，七中校区地域協の会長をさせていただいております。

**山本哲也**　現23年度の七中PTA会長をやっています。

**薦田　聡**　前PTA会長です。僕は平成19年から２年間副会長をやらせてもらって，その次に１年間だけ会長をやらせてもらいました。

**中村奈美**　恵我南小学校（七中校区にある市立小学校）のPTA役員を平成７年から始まって，そこからずっとPTA関係でつながってきて，ここの七中では三代の校長にわたって子どもがお世話になったので，PTAの役員もさせていただき，今は校区の主任児童委員をしています。

**畠山久子**　平成15年から17年の研究開発学校の取組みのときの研究主任をさせていただきました。18年度，続いて19年度からの続きの研究指定があって，次の研究開発学校を校区で受けるときの計画書を上げるところまでやっていました。今は三宅小学校（松原市立松原第四中学校区の小学校）の教頭です

**糸井川孝之**　七中校長です。教頭時代に人間関係学科計画書を起案し，教育委員会勤務を経て，平成21年度より七中校長として勤務して４年目です。

## 2 人間関係学科前史

### ●平成７年にフェスタを開催～荒れている中で続けた～

**前田**　創設時の先生は必死で，学校の荒れをこうしないとあかん，ああしないとあかんとやっていた。平成４，５年といったらどこの学校も荒れていた時代だと思うねんけど，たまたまここも荒れていて，親は七中に行かせたくないという気持ちだった。

何かしないといかんという現場の先生の意思が働いてやったのが１回目のフェスタ。だからね，フェスタをやったらよくなるみたいな話を皆しはんねんけど，違うでと言いたい。荒れていた時代にフェスタをやっているわけやんか。フェスタをやって荒れが静まったかというと，静まってへんねんて。フェスタをやって10年ぐらいは荒れていて，荒れている中でフェスタをやっていたんや。

## ●地域の実情を反映した国際文化フェスタ

前田　ベースになったのは，渡日（外国から日本に来た）生徒，渡日の親御さんが来る中で，小学校でいえば恵我南小学校で日本語教室をやっておられて，日本語を勉強しているお父さんとお母さんとか。結局，渡日の親御さんが引きこもりになっていて家から出ない。子どもは学校に来るんだけど，家へ帰ったら日本語が通じない。学校の先生が家庭訪問に行ったら，ぜんぜん親と会話が成り立たなかったという時代があって，どうにかして渡日生徒の親御さんに来てもらえないかと考えて，国際文化をうたい文句にフェスタをしようと。「黒竜江省，アムール川周辺で食べていたお国自慢の料理を何かお披露目してあげて」と言って，渡日の親向けの日本語教室なんかでやってはった水ギョーザをお披露目してもらった。あの頃な，日本人は焼ギョーザと思っていたら，水ギョーザがおもてなしのギョーザですと言って作ってくれはって。隣でうどん炊いているわ，チヂミやキムチもあったもんな。

## ●原動力は地域と学校の「危機感」

畠山　当時ね，やっぱり渡日の家庭の生活が周りに理解されてなくてね。例えばごみ出し一つでも団地の中では大ごとになる。中国から来た人は，何曜日にごみを出すとかそのような決まり事に慣れていないから，日本の保護者とトラブルが頻繁に。ごみ一つでそれだから，いろいろなところでトラブルになっていて，やっぱりそういう人らが地域の中で生きていくんだから，それを学校という舞台で地域の人たちが出会えたらいいねという教職員の思いがあったと思う。

## ●フェスタは学校行事ではなく，地域の祭り

畠山　１年目は２月の寒いときにやったでしょう。その反省を踏まえて，２回目から11月の第２土曜って決めてやった。私らは，来させたら子どもらがいい思いをするのはわかっていたから来させたい。子どもが来るから教師も参加する。このあたり，意見の異なる先生方とだいぶやり合ったんだけど，一つ整理したのは，フェスタは地域の祭りだと。だから子どもは地域の子どもとして参加する。教師は，地域で働く大人として参加してくれと。地域の住民は地域の人間として参加してという，そういうような位置付けに変えた。

そうしたら，縛りがなくなったら来ないわけじゃなくて，かえって前向きに参加してもら

えるようになって。そこから，また3回目ともなると地域の人らがテント張りとかに来てくれはるねん，みんな。最初は本当に教師が躍起になってテントを張っていたんだけど，だんだんテントの張り方を地域の人が覚えてきはるしね。

### ●職場体験の準備に教師が地域に出て行った

**畠山**　フェスタもあるんだけど，職場体験も大きかった。実はね，私が来て2年目に，2年生に職場体験に行かせたんだけど，子どもらは職場体験をすごい楽しみにしていたんですね。自分の興味のある仕事に行けると思って。鉄道が大好きな子がいて，近鉄電車に行きたいって。それで近鉄電車へ教師が頼みに行くとかね。とにかくここの町を，校区の地図を，線を引っ張って，あんたはここ，あんたはここ，あんたはここと言って全部店をあたったんですよ，その地区にある店とか工場とか。

それで趣旨説明をして，こういう思いなのでこの日にさせてもらえませんかという。そうしたら「あほか」って。当時まだ兵庫で「トライやるウイーク」が始まって2年目だったから。ぜんぜん理解してもらえなくて，何軒も何軒も探しては頭を下げたんですよ。教師が地域に出ていったのがその職場体験開発だったんですけど，提供できない，子どもに。できるだけ子どもを，10人とか20人じゃなくて，1人，2人で行かせたいから，それだけ店を探さないとあかん。それで困って何をしたかといったら，PTAとか地域協に泣きついた。

**前田**　頼みに行く先生の頼み方が素人に近かった。地図を見てあそこだ，ここだって頼みに行くんだけど。ここはどこに通じて頼んだら早いとかいう道を知らずに行きはるわけや。こっちで見ていたら，あそこに行くんだったらあそこを通じて頼んだらいいのにとか，例えばあそこはロータリーの会員さんやでとか,あれはライオンズの会員さんやでとかわかっていて，頼む道があるやんか。でも道を知らずに行くわけやんか。

### ●学校は教師のものではなく，地域のもの

**畠山**　私らは，地域に開かれた学校という意識がどんどん変わっていくねんね。当時は地域に開かれた学校とかと言っていたけど，やっていく中で「違う」と言って。私らはただの通りすがりや。学校は地域のもんやねんという意識へ変わっていく。七中は地域の学校やねん。そうなるまでの過渡期だから，それまで学校の先生はがんばれというので，職場体験の職場探しに奔走した。

**糸井川**　昔は，簡単に言ったら，学校は教師のもんであったわけや。というか，これは俺らの職場であって，外部の人間なんか入ってきたらやりにくくてしょうがないやないかと。それは一つの理屈だけど，それだけではやっていかれへんという限界を感じて学校は変わっていって，それこそ地域の宝物に学校をしようと変わっていったね。

## 3 人間関係学科の出立

### ●研究開発の当初のイメージ

糸井川　はじめ僕は，「ほっとスペース」をイメージしたんですよ。何とか不登校になっている子に手当てをしないとあかんということで，教室に入れなかったら入りやすい教室を用意しようと。僕はそれで計画書を書き始めたんですね。そうしたらそれでは足りないと。研究開発学校というのは，全員対象の新しい教科をつくりなさいと。ええーっ，不登校をなくす教科なんかあるんですかと言って。それで必死で本をうわーっと探して，ストレスマネジメントやグループエンカウンターや，僕も十分に理解しないままに計画書を仕上げたんです。

### ●地域から見た人間関係学科

中村　上の子が３年から１年間だけ，下の子は３年間人間関係学科にどっぷりだったんですよ。最初ね，何が始まるのかなってわからないし，子どもたちに聞いたらとにかく楽しい，何かわからんけど楽しい，勉強と違うから楽しいみたいな感覚でね。私らも参加させてもらって，先生らはここまでやるのかと。体操服を着て，制服を着て，何か劇団みたいなのをしはるし，ボールを投げてやりはるし。言葉で言ってわからないことを教えてくれはる。すごいことだなって。

前田　地域協の総会で，子どもたちに教えている人間関係学科を劇で紹介してもらったときに，ほかの社会教育団体の人が来て，えっ，今，学校ってここまでやってくれるのという感じだった。今ここまで子どもらにやってくれるのって。心をほぐす，ストレスを解放し，授業に入る前段階で心を落ち着ける，ここまでやってくれるのという感じだった。

### ●地域や親に人間関係学科を受け止めてもらうために

畠山　それなりに質の高いものを提供しない限り，保護者や地域は納得しないと思うねんね。だって授業時間数を毎週１時間削ってまでそれをさせるんだから，地域や保護者に責任のあるプログラムを提供しないといけないと思った。だから子どもも教師も立てながら，地域の理解を得られるプログラムということ，それをずっと頭に置いていて。だからむっちゃ宣伝しました。

　私たちの仕事は長くても同じ学校に10年しかいないんだから，七中をもたせるももたせないも教師じゃないと思っている。教師は転勤するねんて。それなら，地域がその分もかぶってくれるような地域になってほしいなと。それは地域に期待するんじゃなくて，先生が倒れそうだ，助けてあげないとってなるような地域との人間関係をつくっておくことが私にできることかなって。教師は最長で10年たったら出ていくしかないから，来た人にそれは引き継いでいくけど，その熱さまでは伝えられない。その熱さを伝えるのが実は地域なんです。

### ●先進的な授業なので子どもが誇りに思った

前田　僕らは荒れている時代を知っている。荒れている時代の子どもらというのは，学校へ来る外部からの大人というのは，文句を言いに来ているのかという目で見る時代が長かった。

糸井川　斜に構えてとんがっている子がおったわけだな。

前田　そうそう。何しに来ているんだという感じがあって，あらを探しに来ているのかという感じが長かったんや。フェスタを始めたころでもそんな感じやったわ。あらを探しに来ているというか，興味半分で来ているなという感じの目線を子どもらは，廊下を歩いている大人に向けてメンチ切っていたもん。

人間関係学科が始まると，玄関に，どこどこ学校ご来場ありがとうございますとか，ようこそウエルカムボードができて，子どもが見て，あっ，今日遠いところから来ているんだというのを見たら，自分らががんばっているのを見に来てくれているんだと，外部から来ている大人に対しての目線が優しくなっているんやね。

畠山　見に行っていたもん，わざわざあいさつをしに。

前田　それで，「遠いところから大変ですね」とか，授業中に先生がしゃべっている横で声をかけている，廊下を歩いている大人にも。

糸井川　子どもら自身ね，私ら何か特別な授業を受けているでとか，日本で初めてらしいでとかね，何かそういう自分たちなりの誇りみたいなのをもちましたし，もたせるようにしましたね。

薦田　最初に入学式のときに，生徒会長から「よそにはない人間関係学科という授業があります」って聞いて，ただでさえ土曜日は削られてなくなったところに，さらに1時間削るのと思ったのが正直な感想でした。1年たってPTAになって，人間関係学科を見せてもらうことが多くなったので，先生がマントをかぶったりとか，おかしなことをやって（笑）。

結果が出ていますよね。そういう授業をしたことによって荒れがない。

## 4　人間関係学科の展開

### ●涼もう会とHOT×ほっと会

畠山　総合学習室がきれいにできたときに，こんな冷房完備のところを放っておくのはもったいないと言って，あのとき私は生徒会文化図書委員会担当だったんですけど，文化図書委員会で，涼しいところでごっついスクリーンもあるから，ビデオを見せようと言って子どもを集めたんです（涼もう会：七中生徒会が校区の小・幼の子どもたちを集めて遊ぶ夏のつどい）。

プロジェクターが入って間なしです。それを見せて，むっちゃぎょうさん来てくれて，冷房が効かないぐらい来てくれて。次の年は，前田さんが「あれだけ子どもが集まるんだったら，おいちゃんらがそうめんを出してやるから昼からも遊べ」と言われて，ええーっと言ったんだけど，そうめんに魅かれて文化図書委員がビデオを見て午前中は過ごして，そうめんをもらって，昼からは遊ばせるというのができる。

そうしたらその年の後期の文化図書委員が，「前期はいいな，涼もう会があって」と言って。後期の文化図書委員は何もない。冬もしたいと言って。私は「冬は堪忍してくれ」と言った。先生は忙しいさかい無理，寒いしと言ったら，「先生は僕らのやる気をつぶすんか」と言って生徒に怒られて，前田さんに相談に行ったら，「やってやったらええがな」ということで，それで「HOT×ほっと会」（涼もう会と同様の趣旨の冬のつどい）が始まった。

### ●子どもを活躍させるシステムが地域の中にある

**畠山**　人間関係学科もそうなんだけど，それまでのフェスタをきっかけにして，いろいろな取組みが教師の中でつくられてきて，それに地域の人らも俺らも交ぜろと言って一緒につくるようになって。その姿を見て子どもらが「僕らもやりたい」と言って，それでいつの間にかフェスタで勝手にごみ拾いをやっている生徒が3人いて。コンテナの前でごみを分別していた。ボランティアですと言って，本当にボランティア。次の年，地域協で相談してボランティアを募集しようということになった。

**糸井川**　これがきっと，自己肯定感というか，七中の人間関係学科や地域の取組みがタイアップして，僕はかなりの教育効果を上げていると思うねんね。子どもを活躍させるシステムが地域の中にあるんですよ。

### ●生徒会役員がPTA会長の自宅へ

**前田**　「涼もう会」，「HOT×ほっと会」，生徒会主催の行事，させてくださいって，生徒が会長の自宅まであいさつに行っとるねんで，今な。PTAの会長の家に何で生徒会が。あそこのお父さん，お母さんだったらわかるといったらそれまでだけれど，家まで頼みに行っとるねんで。自分らがしたいと思うとね。

**糸井川**　手伝ってくださいと。七中生徒会が主催しますので，応援してくださいと。

**前田**　そうそう。始めは俺のところへ来るわけやんか。七中PTAの会長へ先に相談しに行ってこいって，突っ返すわけ。会長が学校へ来ている日に今まで頼みに来ていたのが，ここ何年間か見ていたら，自宅へ頼みに行ってやんねん。

## ●生徒会主催のゴミ拾いボランティア

糸井川　今日も朝，生徒会がね，放送するんですよ。何かなと思ったら，クリスマスも近いので地域のサンタさんになりましょうと言って。何をするねんと言ったら，みんなで公園へごみ拾いに行くらしいわ。僕らはやっぱりいろいろ地域にお世話になっているから，地域にプレゼントで返さなあかんと言って。そんな言い方を今日していましたよ。私に，全員分のサンタさんの衣装を揃えろと言うねやんか。一応ごみ箱は電飾で飾ろうかなとかね。

中村　楽しんでいる。

糸井川　１人か２人はサンタの格好をさせようかなと思っているけど。そんなふうに，自分らだって楽しんでボランティアするような子どもたちになってきているんですよ。

前田　やっぱり楽しめるということがわかってきだした。しんどい思いだけしているんだったら続かない。このごろ見ていたら楽しんでいる。

## ●人間関係学科体制が続くのは地域の力があればこそ

糸井川　この学校を支える地域の分厚さ，保護者の分厚さというのは，最初は学校がつくったかもしれないよ。だけどやっぱり七中の本当の財産として，公立学校で10年一つの教育が続くなんていうのは，なかなかむずかしい。

教員には異動があり，これは，公立学校の宿命といえる。10年以上にわたって，一つの教育理念で七中がやれてこられたというのは，やっぱりこの地域の受け皿がものすごく大きい。

## ●転校生～存在を認めてもらえる学校の力～

糸井川　さっきから七中の子があいさつしてくれるとか，とげがないとかと言ってくれているけど，僕はいちばんそれを感じるのは転校生なんですよ。うちに来たときは，触ったら切るぞみたいな子が何人もいて，そのうちに「溶けて」いくねん。何かここで突っ張ってもしゃあないなとなる。ある日，もう見るからに凄みのある生徒が転校してきた。その転校生に対して，うちの子はどうしたと思います？　転校してきた初日の休み時間に「かくれんぼしよう」と言った（笑）。その転校生，「ちょっと今日はやめておくわ」と（笑）。その子もなかなかスキルあるなと思うけど。

前田　もうそんなのは「抜き身」を持っているようなものやで。ここのいちばんけんかの強いやつは誰だというのを探しているねんもん。

糸井川　それで勝負をやって負けたら，俺はこの学校にいられないというような顔つきでいるわけですよ。それがね，何日かたったらほんとうににこっと笑ったままぜんぜん表情が違う。

中村　こいつらにけんかを売ったってしゃあないわって。

糸井川　そうそう。ここで突っ張る必要はないと思って。

## 5 今後に向けて

### ●人権教育・国際理解教育〜多文化共生をめざして〜

糸井川　今のはいちばん典型的な例だけど，この間にいろいろな転校生が外国からもいっぱい来る。来るけど何かうまいこと仲間に入ってくるんやね。それはやっぱり，うちの国際理解教育とか多文化共生というもともともっていた人権教育も大きいよな。

畠山　私がいたときですよ，「いのち」，「ちがい」，「しんろ」って全部平仮名で，いのち学習，ちがい学習，しんろ学習って，それは３年間トータルで，ずっと学習するというのをスタイルにしていたんだけど。いちばんの根本は，多文化共生。

### ●小中の教職員の連携

前田　いろいろなところで地域の話をさせてもらうときに，何か既成事実としてまずフェスタがあったとみんな思ってはるんだけど，そうじゃない。フェスタする土壌にあったのは，ここの職員室の職員の心意気やでと言うんだけど，そのベースになっているのは，中学校校区の校区同研（七中校区同和教育研究会）って当時言っていた，小中の教職員の連携がまずベースにここはあったもん。

糸井川　学期に１回研究授業を一緒にしていたんですよ。

中村　だから運動会も行ったり来たりするし。

糸井川　そうそう。地域連携という言葉と同時に学校間連携というのも。

前田　校種間連携というのがあって。僕なんかはどこに行っても，フェスタをやれるベースは何があったと聞かれたときに，いやいや，中学校，小学校の校区同研という校種間連携で，まず職員同士が連携していたので，という話はしている。

### ●公立学校の使命感〜地域を豊かにする人材の育成〜

糸井川　公立学校の仕事はね，地域の人材をどれだけ育てるかやねん。やっぱり地域と学校はセットやねん。今これだけ地域に支えてもらって学校はこれだけの教育活動ができるわけだし，学校は次の時代を担う地域の人材を育てないとあかん。それが公立学校やねん。それは私学と違うところやね。だからこの地域に住んでいる子は全部一緒に育てようと。これが公立学校の教職員の心意気や。

前田　本当にここだったらいじめられないと思って来てくれる子が増えた，障がいのあるお子さんの在籍も増えてきた。特別支援学校へ行かせるのじゃなしに，自分の地域の学校へ行かせたい。それも中学校を見に来て，ここだったら安心して預けようと思ってくれはったんだったら，喜んだらいいじゃないかと。みんなと一緒に自分の子どもが大きくなってほしいという親御さんの思いに触れていると思うな。

### ●学校が落ち着いたら次は学力向上へ

前田　田中克明先生が校長だった最後の年，平成19年に話をしたことがあるんだけど，授業中に廊下を歩いている子どもらがいた時代から思えば，授業になる5分前には皆教室に入って，先生が来たときには席に着いている。外堀を埋めるまでは地域協も協力しましたよと。ここから後は，先生，食いぶちの仕事やなと言ったことがある。「先生，今から学力が問われるよ」と。子どもは教室までは入るようになったんだから，あとはこれが1年たってちょっとは学力よくなっているかと，言われる時期が来るよと。窓ガラスが割れて学校が荒れていたら学力のこと言わないじゃない。窓ガラスは割れてない，チャイムが鳴る前に教室に皆入っている，次に親が何を言うかといったら，勉強やでと言うたんや。たぶんここから先，七中としては，学力に関してはどう考えておられますかという質問が出る時期が来ると思う。

### ●人間関係学科は人権学習～できないのではない，学んでいないのだ～

畠山　私は人間関係学科をやってきて気がついたこととしては，人間関係も学びやということ。回路はつなげてやらないと回路にならない。単体で知識があったってしょうがないし，そこをつなげていく作業を学びとするなら，人間関係も学びだって。自分は人付き合いが下手だと思っていた子も，人間関係学科を学ぶことで，「ああ，こういう付き合い方ができるんだ」とか，「私は私でいいんだ」とか，そういういろいろな多様性を認められるようになって，自分では下手だと思っていたけれども，こういうつながり方ができるみたいな気づきが本人なりにあって。

学ぶということに対して，すごい貪欲になってきたかなというか，子どもがね。中学入学までに子どもは，十何年も生きてきた中での学びの差というのがあるわけだから，すぐさま中学校の中で学びが反映されるかどうかわからないけれども，将来的に見たらすべて学びになる。できないのじゃなくて，私は学んでないだけだ，だから学べばいいんだという，そういうスタンスになっているところが人間関係学科のよさかな。

私は，人間関係学科は人権学習だと思うんです。将来を見つめるというか，将来を自分でつくれるという見通しをもてる学習だと思うし。そういう子どもの学びを見て教師も学ぶ。

### ●達成感を体験させ，多様な評価軸で経験として定着させる

畠山　楽しいだけじゃないねんね。苦しいこともさせないといけないというのが人間関係学科だと思うねんね。

前田　やっぱり達成感というのは経験値やな，何についてもな。ごみを拾っても褒められりゃそれで経験値が1個上がるし。

畠山　体験させたらいいという風潮がいっときあったけど，同じ体験してもそこから何を学ぶかというのは違うから，きちんと体験したことを経験として残してやらないといけないと思うんだけどね。体験と経験は違うでって。

糸井川　その経験のときに，多様な評価軸がね，先生だけじゃなくて，そこに親がおり，地域があり，いろいろな評価をしてもらう。この間，前田さんが集会に来てくれたでしょう。あのときに100人ぐらい表彰したやろう。300人のうち集会で100人表彰するねんで。

フェスタのボランティアを表彰するわ，クラブは表彰するわ，作文コンクール優勝を表彰するわ，絵を描いた子を表彰するわ，どんだけ１つの集会で表彰するか。子どもらもあっちこっちで褒めてもらえるわけよ。

### ●近隣の他校で広がる人間関係学科

畠山　今，三宅小学校の先生でも人間関係トレーニングをやりたいと，いろいろ本を見たりしながら，七中の指導案見たりしながらやってはるねん。それはそれで，そういうすっごい地道な広がり方はしているし，子どもらはやっぱり楽しみにしているし。先生らがそれをするときに，にやにやしながら案を考えてはるねんね。サイコロ１つでも買うお金がないから，手作りでダンボールで模造紙をはるところから作ってはるねん。正方形と違うねん。あるいは私がだーっと100円ショップへ行って，サイコロをどーって買ってきて，ここにグッズが入っていますからと言って，衣装ケースに衣装をいっぱい入れておいたら，使ってくれてはるねんな。

## 6　最後に

### ●30年フェスタを続けて，この校風を維持する

前田　地域協活動でいえば，一世代30年継続して，次の世代にバトンタッチしていこうと。自分のやったことを，次の世代の人が同じようにやってくれるかどうかやね。残るものは残るし，不要と思われたものは廃れていく。

フェスタに関していえば，次の世代が続けてやってくれたらいいなと思えるまでは，やったらどうだと言いだしたのが自分だから，今折り返しでやっと15年超えたんだけど，やっぱり30年は続けないと，根が張らないだろうなという気はしています。

そういう面じゃ，今も皆とこう話をやっていて，俺はやっぱりラッキーだなと思うのは，ここだからできたんだなと思うことがぎょうさんあるねん。みんなに手伝ってもらってやで。俺はいいかっこをさせてもらったなと思って喜んでいます。校風を維持するむずかしさというのをこのごろ思うので，今の学校の校風を大事に若い先生に引き継いでもらえたらなと思

います。荒れるときは一瞬というのがだんだんわかってきたから。

### ●地域内での継続・世代交代も課題

中村　人間関係学科を学んだ学年の，うちの上の子たちの学年の子が，今年松原の小学校の教師になっているんですよ。だから，そう思ったら，何かちょっと楽しみだなというのが一つで。びっくりしてね，もうそんな年になったんやって。というのと，あとは，私らOBはずっと残ってきたけど，女性軍ね。残ってきたOB軍がいるからこそ，下の若い現PTAとかの人が入りづらいんじゃないかなと。若い人をもっともっと巻き込まないと継続がちょっと厳しくなりつつある。それこそ前田さんが辞めたいと言ったら，ぞろぞろっと一気にいなくなる。それを避けるためには，やっぱりこの5年，10年のスパンを考えて手を打って，私らの地域協の世代交代を考えていかないとね。

### ●人間関係学科で教師が育つような関係づくりを

薦田　僕は，学校はやっぱり先生だと思っているんですよ。入学式のとき僕はPTA会長の挨拶で偉そうに言ったんだけど，武田信玄の言葉の「人は石垣，人は城」のとおり，なんぼいい設備があっても先生があかんとだめだということです。話がずれるけど，僕の小学校5～6年の担任ってすごくよくて，クラスがすごくまとまっていて，今の七中の雰囲気ですわ。それと違って隣のクラスはぜんぜんもうあかんくて，先生が途中で辞めたりとかするとかだったんです。やっぱりよい先生はもともといるんですよ。やっぱり何人かね。人間関係学科をすることによってそういう先生がいっぱい増えてきて，この七中みたいにどこを見てもいい先生がいっぱいいるということ，それが大事だと思います。

あと，前田さんに言いますと，今，地域協というのは前田さんに頼っている面が大きいので，前田さんが辞めたら活動がきびしくなる。続けるにはもうちょっと仕組みというか，人を育てないといけない。もちろん前田さんには辞めてほしくない。みんな辞めてほしくないと思っている。でも，前田さんに代わる者が今いない。

### ●育てたい子ども，向かいたい社会の方向付けが重要

畠山　私が人間関係学科をやるときにいつも言っていたのは，人間関係をつくっていくスキルはどのようにでも使えるってこと。自分勝手な人間を育てることもできるし，困っている子に一緒に悩もうという子を育てることにも使えるって。だからそのベクトルをどこに向かせるのかという，そこの軸だけ絶対ずれたらあかんというのはずっと若い教師たちに言ってきて，それはたぶんどんな社会をつくりたいと思っているのかという価値観の問題だと思う。

やりながらみんなの価値観のベクトルをそろえていったのが，人間関係学科，研究開発学校の意義だったのかなって。いろいろな向きをしていたベクトルが一つになっていくときに，

保護者や地域やみんな一緒くたになってここだという。誰ひとり大事にされない子どもはない。そういう社会をつくろうというベクトルに最終帰結していったのかなと思うんです。

私は，先に出ていったけど，いろいろな取組みをして，収束していったみたいなのにしたくなかったから，あとは深美さんに頼むねと言って。そういった段階で私がやってきた人間関係学科と違う人間関係学科になる，ならないとあかんと思った。私がやってきたことをなぞっていたら，そんな創造性のない苦痛なだけの人間関係学科なんてないと思ったから，いつでも生まれ続ける人間関係学科であってほしいとこれからも思います。

## ●地域を次の世代につなぐ～先輩の真剣な姿で変わる～

山本　思ったのは，僕も今日参加させてもらって，こんないきさつがあったのかとか，こんな思いがあったのかというのがすごく伝わってきて，すごく参加させてもらってよかったなということ。もう一つ思うのは，前田さんとかが今の七中の文化を残してほしいと言うてはったけど，次の世代にどうつなぐのかということ，やっぱりその課題がいちばん大きい。

みんな若いメンバーは先輩の姿を見て育っているんだけど，なかなかやっぱりそこは形だけになってしまったりとかはある。だけれども，地域の人がこれだけ一生懸命やってくれているとか，フェスタのときにこれだけやってくれているとかを若いメンバーが見たときに，ちょっと衝撃を受けるというか，顔が変わるねん。そして何年かやっているうちに，あっ，こういう関係を地域と学校はつくっていっているねんなというのを，体得というか身に染みてわかったというか，納得してくる。そうなったときにそれぞれのメンバーが，ほんとうの意味で成長するというかね……。僕は今日の話をみんなにしてやりたい。

## ●伝統を守りつつ，創造する

糸井川　ほんとうにお忙しい中，ありがとうございました。七中の文化を変えないでほしいということだけど，地域，保護者とマッチングしながら，七中の文化というのは醸造されてきたし，これからもそういうふうに熟成していけばいいなというふうに思うねんね。だからやっぱりその辺の，それは放っておいても実現しないから，その時代時代の仕掛けがたぶんいるんやろうね。

ということで，その時々でやれることを，温かい目で見ていただき，あるいは励まし，褒めていただきながら，この七中，今後いろいろな波があると思いますけれども，末永くよろしくお願いいたします。ありがとうございました。

コラム3

## 松原市教育委員会の支援 ～不登校を減少させる取組みとして連動させる～

### 1．松原市立松原第七中学校への働きかけ

**●研究開発のきっかけ**

松原市立松原第七中学校（以下，松原七中）はもともと地域との密着度が高い学校で，小規模校という特色も生かしながら，子どもたちとの人間関係を日ごろから大切に取り組んできた。平成14年ごろは，大阪府が不登校の子どもの数が全国１位であり，松原七中も不登校は大きな課題となっていた。松原市でも現在に比べ約２倍半の事例があった。そのような中で不登校を減らす取組みを積極的に行う地域として，松原七中が候補にあげられた。そこで松原市は平成15年に不登校児童生徒総合支援会議を立ち上げるとともに，学校に特化した取組みとして松原七中に文部科学省の研究開発学校の計画をもちかけたのである。

松原七中に計画を相談したとき，当初は，不登校はすぐに答えなど出ない重い問題であり，この研究開発は教員のモチベーションを上げることにはならないと反対された。幾度もの話し合いを経て，教員を元気にさせる取組みを一緒に考えていくことを条件に了解を得た。その計画の柱は２本である。

①不登校の子どもに対応するために，校内に適応指導教室をつくる
②「総合的な学習の時間」１時間を使い，集団づくりにつながる，全体をくくる学科「人間関係学科」をつくる

特に②は大変だが，教員のモチベーションは上がるのではないかという話をした。

平成15年４月以降の研究開発の運営委員会では，森田洋司先生を座長に迎え，地域の方にもご参加いただいた。森田先生からは「効果測定」をしっかり行うことの提案があった。目に見える形の「効果測定」は，教員の元気につながり，子どもたちのモチベーションを上げることになると指摘された。そのために，子どもたちのあらゆるデータを教員間で共有することにした。不登校か否かにかかわらず，全校生徒の出席状況，ある程度の人間関係など，学校が把握できる範囲のすべてのデータを共有した。

**●１年目は「ほっとスペース」がメイン**

松原七中ではまず校内適応指導教室「ほっとスペース」をつくった。ほっとできる雰囲気にするために，こたつやテレビ，本や室内ゲーム等を置いたりした。時間をかけて作ったデータをもとに，「この子は引きこもっているけれど，『ほっとスペース』なら来られそうだ」というメンバーをピックアップして，教員が働きかけたりした。

「ほっとスペース」は出発点である。「ほっとスペース」では，どんな過ごし方をしてもいいということで，不登校だった生徒が登校するようになった。それが定着するようになっていったが，白紙の状態から始めているので，１年目はたいへんな苦労であった。

森田先生が提案された効果測定で出てくるのは，「不登校が何人」というデータだが，その裏には膨大な取組みがあった。例えば，遅刻が減った，チャイム着席ができている，問題行動

が減ったなどのデータを一つ一つ積み上げた。すると１年後には不登校は減り，問題行動も減っていった。さらに子どもたちにアンケートもとった。「自分がストレスを感じているときに気持ちを出せるか」という問いに，「この１年間で出せるようになった」「自分の気持ちが落ち着いてきた」など，いろいろな項目にわたって効果が測定された。これが子どもたちにもプラスとなり，教員も共有しているので，事態がよい方向に加速していったのだろう。

### 2．松原市教育委員会が実施したこと

#### ●ネットワークを立ち上げる

大阪府は府内で不登校の児童生徒が１万人を超えていたピーク時に，新しい流れをつくろうとしていた。市としても，不登校児童生徒総合支援会議を立ち上げた。つまり，松原七中は子どもたちをつなぐ人間関係学科のカリキュラムをつくり，市としてはネットワーク型の不登校対策の会議で，個別の学校が困っている不登校の対応について責任ある対処をする体制を，平成15年に立ち上げたのである。この支援会議のメンバーは，市教育委員会が中心となり各学校の生徒指導担当教員，福祉，警察等の関係機関である。

当時，不登校には「遊び・非行型の不登校」と「心因性の不登校」の２種類あるといわれていた。種類によって手法が異なり，関係機関も違ってくる。やみくもに「学校に来なさい」と働きかけるのではなく，個々の事情や原因を把握したうえで，最適な働きかけを考え，心因性の不登校ならパソコンのメールでのやりとり（心の窓にアクセス）や児童相談所，遊び・非行系の不登校ならサポートセンターに協力をお願いするなどした。

会議では，各学校から遊び・非行型あるいは心因性の不登校で，学校だけでは対応しにくい子どもをピックアップした。市内の中学校７校と小学校15校，１校につき１，２名をあげてもらい，松原七中の事例と引き比べながら，支援会議として対策を検討していったのである。

#### ●個別の「ケース会議」を開く

ケース会議の前には各学校からのヒアリングを行った。「どういう問題があって不登校になっているのか」「どういうことをしてほしいのか」，例えば「たびたびの家庭訪問ができないので，行ってくれる人材がほしい」「やんちゃ系なので，だれかサポートしてほしい」「心の悩みをもっているので，専門家が来てくれないだろうか」などである。その上で，市と関係機関が集まって，個別にケース会議を開くことを，平成15年にスタートした。

この各学校からの「こういう働きかけが必要」という声に応えるために，「ハートフルフレンド」と名付け学生ボランティアを募った。一時期，70人ぐらいの学生が登録してくれていた。「うちは男の子だから，男の学生さんがいい」などというニーズによって学生を配置したりした。

重篤な事例の場合にはケース会議をもって市の子育て支援課に中に入ってもらったり，あるいは子ども家庭センターから誰かに来てもらったりした。使える手段は何でも使ったのである。

#### ●市全体として不登校が減る

２～３年にわたるさまざまな対応と，松原七中で実施した人間関係学科もあって，市全体としても，急激に不登校の子どもの数が減っていった。それぞれの学校が，担任まかせにせず，学校全体の体制を作って，単に学校に来させる働きかけではなくて，校内ケース会議を実施す

るなどその子どもに合った働きかけを，丁寧にしてくれたからだと思う。当時，松原七中のような不登校の校内支援会議を必ず実施するように，各学校に市としての指示連絡をしていた。

**●校内支援会議が定着する**

気になる子どもについて，学校がもっている情報を記録していく努力が大切である。欠席が何日，遅刻が何日，あるいはその子の様子でつかめる範囲の情報について一覧表を作って，校内支援会議で検討する。検討して見立てをして，次の週の方針を出し，それをどこかに記録する。記録したものを教職員みんなで共有するというスタイルを確立する。多くの学校がそれに取り組んで，定着したと思われる。

市が開くケース会議とは別に，学校内のケース会議を開き，「これだったら児童課の誰々さんに来てもらいます」「カウンセラーに入ってもらいます」「学生さんに来てもらいます」などという情報を提供してもらう。市と校内の両方でケース会議をすることで，ネットワーク型の取組みがより生きることになった。

**●徐々に各学校の手に委ねていく**

不登校の子どもの数を減らす際には，松原七中で「人間関係学科」の研究をしてもらい，市はネットワーク型のケース会議の研究をした。

これらの取組みが定着することで，各学校にもシステムが構築されるようになった。それまでに３年ぐらい経っていたと思う。現在，各学校に校内の不登校支援会議があって，ケース会議をどうするかなどを担当する教員を中心に，チームとして対応している。市が「ハートフルフレンド」を配置することは今も変わっていない。重篤な場合には，市教育委員会も加わったケース会議をする。松原七中の人間関係学科の大きな流れが，脈々と来ている感じである。

松原七中の人間関係学科をもとに，学校の状況に合わせて活動することをお薦めしたい。現在「総合的な学習の時間」が減っている中で，各学校は，松原七中の三十数時間のワークのうちの一部の活動をしている。教育委員会としては，松原市の小・中学校22校すべてがその学校に合う形で，人間関係学科のスキルを身につけるために取り組んでいる。

松原七中は地域とのつながりを大事にしていて，ワーキングの際にはどこかで必ず地域の人が登場する。不登校をはじめ子どもたちを健全に育成するためには，学校の取組みはもちろんであるが，同時に関係機関とつながり，その力を十分に活かすことが大切であると考える。

（吉川年幸）

# 第4章

# 人間関係学科の指導案

# 1　指導案開発の理念と工夫

## (1)「人間関係学科」指導案作成のための手順と工夫

一つのプログラムを作成するにあたっては，次のような手順を踏んだ。子どもたちの現実・ニーズを可能な限りリサーチし，指導する教員にとっても無理のないプログラム。さらに，実施する中で深まり，指導者が想定していたより多くのことに気づけるゲーム。それが，私たちの作りたいプログラムであった。そのために，次のような過程でプログラムを作成してきた。

**●プログラム作成のためのリサーチ**

① 今，子どもたちの中で起こっている問題
② 集団としてのルールを守れるレベルと想定される混乱や問題
③ 問題の原因となる子ども集団のつまずき
④ 指導する教員の個性と得意なこと

**●プログラム作成の過程**

① 子どもたちに身につけさせたいスキルの明確化
② 主たるゲーム内容の精選
③ 可能な限りゲームを単純化
④ 子どもたちの気づきや学びを想定
⑤ 準備物の作成

**●準備物（グッズ）作成にあたって**

① グッズも，プログラムの重要なアイテム
② 知恵と工夫で，手ごろな予算で，手作り感満載の物を
③ 子どもたちが触ってみたくなる物を
④ 子どもたちが大事に扱いたくなる物を
⑤ グッズを入れる入れ物も楽しさあふれる物に

**●プログラム実施にあたって**

① 指導する教員の心がまえ
・子どもを楽しませる
・自分も楽しむ
・子どものつぶやきや小さな気づきを喜ぶ
・１人の子どもの気づきをクラス全体に広げる

② プログラムに応じた場づくり
　・机やイスの配置
　・指導者の服装や小道具
　・指導者のモチベーション

●プログラム実施後

① 子どもたちの学びや気づきを言語化
② 想定外の学びや気づきを評価
③ プログラム中に起こったミニ人間ドラマを再現しつつ評価
④ プログラム中の写真を翌日には貼り出し

### （2）「人間関係学科」プログラム作成に取り組んで

当初，プログラム作成は試行錯誤の繰り返しで，指導する教員にとって苦しいものだった。しかし，私たちの苦悩に反して，子どもたちの期待感はどんどん高まり，それがプログラム開発の原動力となっていった。

開発を始めたときは，ターゲットとするスキルを身につけさせたいとの気持ちが先行し，むずかしいゲームを取り入れがちだった。何回かゲームを行う中で，たとえ小さなゲームであっても，子どもたちは多様な学びをすることに気がついてきた。

そんなことに気づかされたゲームの一つに，「すごろくトーキング」がある。昔からあるすごろくに多少の工夫を加え，その時々の「オリジナル・ネタ」を入れただけだが，子どもたちからは，「今まで話したことのない子としゃべれた」「自分のことを聞いてもらえた」とうれしい声が多数あがった。また，「すごろくトーキング」中に，子どもから「すごろくの上がりは，ちゃんとサイコロの目がそろわなくちゃだめ？」と聞かれたとき，「自分たちで決めたらいいよ」と答えると，自分たちで相談しながら，自分たちの班のローカル・ルールを作って楽しんでいた。ちょっとしたゲームではあるが，子どもたちは子どもたちなりに楽しめる工夫をしている。その発見が，私たちの驚きでもあった。ゲームは，あくまでも素材。素材をどう使うかは，子どもたちの創意工夫なのだと。その素材をどれだけ提供できるか，それが私たちの楽しみにもなった。

また，初めは，「すごろくトーキング」の「コマ」として，自分の消しゴムを使っていたが，100円ショップなどで購入できる「動物おもちゃ」や「おもしろ消しゴム」など，さまざまな「コマ」を用意すると，その「コマ」を使って遊びが広がっていった。「コマ」選びから，すでにゲームは始まるのである。サイコロも小さい物から大きな物，四角いサイコロに丸いサイコロ，子どもがそれを見たときの反応を想像しながら，喜びそうな物をさがしまわった。「動物おもちゃ」を使ったときは，片付けも楽しかった。「肉食の動物と草食の動物を一緒に入れたら，食べられるから」という理由で，子どもたちは，「これはこっち，あれはあっち」と相談しながら，「動物おもちゃ」を整理しながら片付けていた。何でもゲームになるとほほえましく思った時であった。

気球を使ったゲームでは，気球のイラストをカラー印刷していた物を使っていたが，実際に教室に浮かんでいる物のほうがイメージがふくらむのではないかと考え，ビーチボールに小さなかごをぶらさげて作ったりもした。

グッズがゲームの重要なアイテムの一つであるのは，このためである。指導する教員が，子どもの喜ぶ顔を思い浮かべながら，グッズを集め，プログラムの作成にあたる。その気持ちが「人間関係学科」の根幹をなしている。

ロールプレイングも「人間関係学科」では多用した手法である。その時々に課題となっているシチュエーションからシナリオを作り，役割劇を行うのである。「劇」というと，中学生は恥ずかしさが先にたってしまう。そこで，まず「劇」への抵抗感を払拭するため，教員がモデリングを行った。服装や小道具も，シチュエーションに応じた物を使用した。何人かの人数が必要なときは，学年教員団で学年の子ども全員の前で演じたこともある。そんなことを繰り返すうちに，子どもたちも「劇」に登場したいと言うようになってきた。あらかじめ打ち合わせを行い，教員と子どもでモデリングを行ったりして，クラス全員がロールプレイングに参加できるようになった。シナリオも，自分たちで作ることができるようになった。作る過程で，子どもたちは互いの良さやおもしろさに気づき，班としての集団性が高まっていくとともに，問題解決の力を身につけていったのである。

このように，「人間関係学科」は，「つくる授業」であり，「教員と子どもがともに楽しめる授業」である。さらに，「あの子はあんな子だから，何を言っても無駄」「あの子は怖いから，言いたいことも言えない」と考えていた子どもが，「あいつもええところがあるねん。おもしろいで」「怖いと思ってたけど，ぜんぜん違ってた」とお互いの理解を高めていける授業でもある。おとなしくて，周りと話したり，自分の気持ちを伝えたりすることが苦手だった子どもが，「人間関係学科」の授業を通して，個性が認められ，周りの子どもたちとしゃべることができるようになり，いきいきとする授業でもある。「人間関係学科」は，大人が子どもたちのために知恵と工夫を集めて提供するプログラムから，子どもたちが楽しみながら多くのことに気づいていき，自分や周りの仲間への理解を深めていける授業であると，取り組む中で実感していった。

そして，この実感は，教科の授業へも生かしていきたいと考えるようになった。「わかりなさい」と考えていた私たちは，「子どもたちは，工夫次第で必ずわかる！　何かをつかむ！」を胸に刻みながら，教科の授業づくりにも取り組みだしたのである。

〔畠山久子〕

# 2 プログラムの全体像

## （1）松原市立松原第七中学校区，12のターゲットスキル

松原市立松原第七中学校（以下，松原七中）校区のターゲットスキルは，平成18年度に校区における教員の話し合いからできたものである。平成19年度からの小学校・中学校での取組みを通じて，さらに論議が深まり，平成21年度から「松原七中校区人間関係学科ターゲットスキル」としてスタートをした。その内容は以下のようなものである。

### 平成21年度　松原七中校区ターゲットスキル

| | 幼稚園 | 小学校 低学年 | 小学校 中学年 | 小学校 高学年 | 中学生 |
|---|---|---|---|---|---|
| **自己信頼**　自分の長所や短所を正しく判断し，自分のことを受け容れることができる | □ | ○ | ○ | ○ | ○ |
| **共感性**　相手の気持ちや行動を想像することができる | □ | ○ | ○ | ○ | ○ |
| **自己管理力**　自分の生活を，自分の目標のもとにコントロールすることができる | □ | ○ | ○ | ○ | ○ |
| **対人関係**　まわりの人と適切な関係を築くことができる | □ | ○ | ○ | ○ | ○ |
| **境界設定**　自分と他人の間に適切な距離を置き，自分らしさを表し，相手を尊重できる | □ | | △ | ○ | ○ |
| **コミュニケーション力**　いろいろな人と適切に対話でき，創造力を発揮できるコミュニケーションを使える | □ | ○ | ○ | ○ | ○ |
| **ストレス対処**　ストレスに対して適切なコントロールができ，さらにストレスを軽減することができる | □ | ○ | ○ | ○ | ○ |
| **感情対処**　怒りや悲しみなどの感情をコントロールできる | □ | ○ | ○ | ○ | ○ |
| **決断と問題解決**　身のまわりに起きたことや，自分自身の課題に対して，自らが考え，取り組むことができる | | | △ | ○ | ○ |
| **創造的思考**　自分が取り組んだことや，行動がもたらすさまざまな結果について想像することができる | | | | ○ | ○ |
| **批判的思考**　自分が取り込んだ情報や，自らの経験を客観的に分析することができる | □ | | | ○ | ○ |
| **情報活用力**　まわりからの情報を積極的に取り入れ，物事の創造や解決に活用できる | □ | | | ○ | ○ |

○は人間関係学科を中心に実施。△は過渡的な取組みとして実施。□は遊びと人間関係学科を中心として実施。

## （2）人間関係学科の特徴

### ●ソーシャルスキルはすべてを表す概念

松原七中の人間関係学科は「参加体験型」の授業である。平成12年ごろまでに，その多くが成立してきたさまざまなグループ・アプローチ（集団での体験を通じて，人間的な成長を促す学び）のエッセンスを取り入れ，主に「ソーシャルスキル」「『出会い』と『気づき』の力」「アサーティブな人間関係調整力」を11年間の学びを通じて育成していくものである。そして，その手法はファシリテーションに基づいた人間の主体形成にある。つまり，さまざまなしかけや「出会い」やロールプレイングなどを通じて，子どもたちに起こった「気づき」を子どもたちが自己認知し，さらにそれを共有化することで，子どもたちは人間的な成長を成し遂げていくことができる。

11年間の「人間関係づくり」

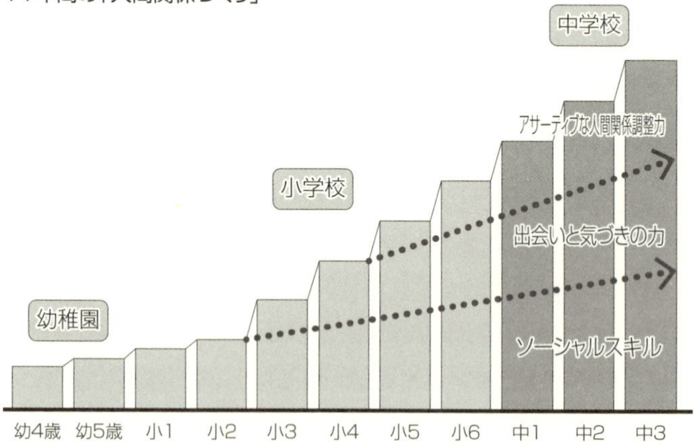


人間関係学科では，子どもたちが社会生活において，幸せな人生を送ることができることをめざしている。ソーシャルスキルは，そんな幸せな人生を送っていくために，必要な技能であるということができる。だから，子どもから大人までどの時点においても社会生活において必要な技能としてソーシャルスキルを位置づける。例えば，小学校低学年において，遊んでいる何人かのグループに近づいた子どもが「（遊びに）いれて」と言える，独りぼっちの子どもがいたら「いっしょにあそぼ」と言えるというようなレベルから始まるのである。さらに，会話をしている場面で，相手の顔を見て「へー」「そうなんですか」と，あなたの話を「聴いているよ」，あなたのことを「受け止めているよ」ということを表す傾聴スキルなどにつながっていく。そして，さらに，ストレスが強まったり，怒りの感情などがあふれてきたときに，そういう自分や，そういう感情を適切に対処するストレス対処や感情対処などに発展していくのである。最終的には，小学校高学年や中学校段階において，相手の気持ちを想像し，共感しながら，自分の主張を述べていいということを通じて，相手との折り合いをつけていくことができる人間関係調整力へと育っていく。

また，もめごとや争いなどの紛争を解決する力（メディエーション）も人間関係調整力の一つであるということができる。中学校３年生くらいから高校生くらいになると，個人と個人の力をあわせて相乗効果を生み出す力へと成長していくのである。プロジェクトやNPOをたちあげたり，起業したり，何か新しいものを生み出していく人間力として完成していくことになる。

一般的には図示してあるように，ソーシャルスキルを土台として，「出会いと気づきの力」や人間関係調整力や人間力が育成されていくというふうに理解されているのが現実である。この考え方に松原七中校区の人間関係学科も立脚しているのであるが，本来はソーシャルスキルという概念の中に「出会いと気づきの力」，人間関係調整力＋人間力というものが含まれていると理解するほうが，正しい理解であるといえるだろう。つまり，理解し，整理するという意味合いで，ソーシャルスキルを土台として「出会いと気づきの力」，人間関係調整力＋人間力を積み上げていくという考え方をしているだけで，それぞれの間の線引きというものは，実際にはないということなのである。基本的なソーシャルスキルを使いながら人間関係をつくっていくと，そこから生まれてくるコミュニケーションがフィードバックとなって自分にかえってくる。それを積み重ねていくことで，自己概念とか自己意識といわれるものが心の中にできあがっていくのである。これを人間の枠組みというふうに考えてもらってもいいと思う。人間の枠組みはコミュニケーションや積極的な学習やさまざまな経験を通じて形成されていくものである。この人間の枠組みや心の中が大きく深くなればなるほど，「人の気持ちがわかる・想像できる力」つまり共感性というものが育ってくる。

### ●人間の成長のプロセスを促進する，「認知→行動→評価」のスパイラル

人間の成長のプロセスというものは，

「認知」（わかる）→「行動」（やってみる）→「評価」（感じる）

というサイクルが，プラスのスパイラルを描いて，一生涯の学びのスタイルとして子どもたちの中に根づいていくものである。このスパイラルの出発点である「認知」の力を高めていくためには，「評価」から「認知」にいたる部分をいかに言語化して客観化できるかというところが重要である。つまり，感じたことを無意識のまま終わらせるのではなく，いかに言葉として自分の中に残していくのかということだ。「出会いと気づきの力」は，この点において重要になってくる。人間関係づくりの授業を通じてまわりの人々や出来事に出会い，授業でのかかわりを通じて起こった自分自身の心の変化や感情の変化にいかに「気づき」，それをいかに自分のものにしていくかということである。そして，最後には，「気づき」によって成長した自分自身と「出会う」ことになる。このことを，意識的に実行し客観的に自分を見つめることができる力が，「出会い」と「気づき」の力なのである。

実際の授業においては，トーキング系の自己開示のもの（「すごろくトーキング」，「がらが

らトーキング」等）にはじまり，グループ・エクササイズのほとんどは，この「出会いと気づきの力」を育成する。一般的には小学校３年生くらいから，「認知」力というものが成立しはじめるといわれ，振り返りやフィードバックを返すこともできるようになってくる。人間関係学科において，子どもたちは，フィードバックを返し合うことを通じて「気づき」を積み重ね，子どもたちの自己概念・自己意識を育て，人間の枠組みを広げていくのである。つまり，心が育っていく。

人間関係調整力と人間力を育てることが人間関係学科のゴールである。そして，それを身につけていくためのアイテムは，主にロールプレイングになる。ロールプレイングを通じて，自分たちが理想とする，あるいはよい感じがするという行動や行為を言語化し，行動化する。その結果，感じることができたことを，自らの行動規範として積みあげていくのである。このロールプレイングの積み重ねというものが，子どもたちに力をつけていく。

人間関係調整力を育てるロールプレイングにある基本思想は，アサーティブネスである。アサーティブネスは，自分を大切にして，相手のことを想像しながら，自分の主張をするというあり様(よう)のことだが，その際，相手と「折り合いをつける」ということが必ず必要となってくる。そして，その折り合いのつけ方は，妥協して共通項だけを獲得するというものではない。アサーティブネスは，相手も自分も大切にできるWin＆Winの思想であり，お互いの人権を大切にできるものであり，折り合いをつけることによってお互いの信頼関係を構築し，相乗効果を発揮することができるあり様である。つまり，１＋１が２以上になるという結果を生み出すことができる。それは，お互いが協働するプロセスで，相手によって自分の力が開発され，１人が１以上の力を発揮するのであるから当然のことといえる。

また，アサーティブネスというものは，単なる技法にとどまらずに，人間の思想と行動を規定するあり様ということにかかわってくる。人間のあり様は，大きく分けて「攻撃的」「受身的」「アサーティブネス」という３つのあり様に分けることができるのであるが，「攻撃的」と「受身的」は「依存的」，「アサーティブネス」は「主体的」である。今，この時代，誰しもがもつべき「主体的な」姿なのであるが，特に，この時代を生きていかねばならない子どもたちには必須の力であるのではないだろうか。

「出会いと気づきの力」で心を育て，人間関係調整力によって周りとの信頼関係を築いていく。さらに，このようにして培われた力は，キャリアにおける学びと併せて，総合的な人間力としてあらわれることになる。この人間力が新しい社会を築き，持続発展可能な世界をつくる。
松原七中では，平成21年の研究開発指定終了後は，年間およそ20時間に及ぶ授業を行い，12のターゲットスキルに基づいた５つのパッケージで構成している。そして，それぞれの授業が，

**「日常性」—普段の生活に生かすもの**

**「テーマ性」—テーマを絞って学ぶもの**

**「クロス性」—行事や取組みにリンクしたもの**

という3つの要素をもっているのである。そして，最終的には人間の生き方として「依存的なあり様」の生き方を克服し，「主体的なあり様」の生き方をめざしていくものとなっている。

松原七中の人間関係学科は，学校で実施するガイダンスカリキュラムである。「ガイダンスカリキュラムは，系統的かつ計画的に，児童生徒のライフスキルを育成する，開発的かつ予防的な教育活動である」と東京理科大学教授，日本生徒指導学会副会長の八並光俊氏は，『新生徒指導ガイド』(図書文化社刊)において述べておられる。(八並氏がここで述べておられる「ライフスキル」とは「ソーシャルスキル」とほぼ同義で使われていると解釈することができる。)

ガイダンスカリキュラムは学校において展開される授業なので，子どもたちの発達段階を考慮した系統性や順次性をもったものでなければならない。松原七中校区人間関係学科の「あいあいタイム」(幼稚園・小学校)，「人間関係学科」(中学校）は，11年間の子どもの成長に沿ったカリキュラム，プログラムをめざしている。さらに，松原七中の「人間関係学科」は，子どもたちの学校生活に活かされ，教科学習や特別活動や道徳の時間や総合的な学習の時間とともに，子どもたちの成長に寄与するために，人間関係学科の内容に3つの側面をもたせている。それが，①日常性，②テーマ性，③クロス性という観点である。

## ●日常性とは

学校や地域，家庭において，子どもたちがもっている人々との関係性に，効果的な側面が強い授業であるということである。これは，主に自己開示を行うトーキング系の授業（「わたしのじゃがいも」「さいころトーキング」「松原七中のよいところインタビュー」等）になる。トーキング系の授業は，まず，自分自身のことを語るために，自分自身のことを言語化しなければならない。言語化する段階で，無意識の部分が意識をされ，語る中身の何%かは，新たに意識化・言語化されたものが加わってくるのである。これは，人によって差があるのだが，子どもたちの心が開かれた状態であればあるほど，新たな自己認識が加わっていく。逆に，自己肯定感が低く，自分自身の心を閉じようとするベクトルが強い子どもは，意識化されていることすらもあえて出そうとはしない。そういう意味で，グループや班という一つの枠組みの中で，お互いを出し合うことの意味があるのである。さらに，このような自己開示は子どもたちの中に新たな「気づき」を引き起こすことができる。仲間の知らなかった部分を知ることの喜びや，自分の枠組みにはなかった考え方にふれることで起こる「気づき」が，人間としての枠を広げていくのである。さらに，このうえに相手の話を「聴く」というスキルを身につけていけば，自己開示の相乗効果というものが，格段と高まっていくことになるだろう。また，直近の脳科学の研究成果としても，「自分自身について話すことが，食べ物やお金で感じるのと同じ『喜びの感覚』を脳の中で呼び起こす。」(ダイアナ・タミー，ジェイソン・ミッチェル：米ハーバード大)ということが，fMRI (機能的磁気共鳴画像法)を用いて証明されている（「ウォール・ストリートジャーナル」2012年5月9日配信)。つまり，自己を開示し，それを周りが聴くという行為自体が，自らの枠組みを広げるだけではなく，自らの幸福感も高め，心身ともに健康になることができるベースを築くことになるのである。

このようにして，子どもたちの人間としての枠が広がり，心が育ってくれば，自己肯定感の低さから生じてくる「攻撃性」や「受身性」というものが，徐々に克服されてくる。つまり，不登校やいじめの原因となるような要素というものが，徐々になくなってくるということになるのである。このような効果は，人間関係学科の授業すべてにわたっていえる。それは，参加体験型の学習においての必須項目として，授業の終わりには必ず「振り返り」〔言語化〕と「シェアリング（わかちあい）」〔共有化〕を行うからである。これは，すでに述べた「認知」→「行動」→「評価」という人間の成長に則ったものである。子どもたちは，これらの作業を通じて，自己開示を行い，相手を大切にする「傾聴スキル」も養われる。そして自分が大事にされていることに気づいた子どもたちは，また，さらに相手を大事にしようと思えるようになるのである。このようなプロセスを通じて，子どもたち一人一人が，心を開こうとする姿勢やあり様というものを身につけていく。心が開けば，より活発に子どもたちの主張がなされ，それは「折り合いをつける」という領域に達していく。折り合いをつけながら，新たなことへ取り組んでいくことで，それは，子ども同士の相乗効果というものにつながっていく。相乗効果を発揮できる子どもたちの人間関係は，さまざまなことに新しい一歩を踏み出すことができる力となってあらわれてくるのである。

### ●テーマ性とは

人間関係学科は，子どもたち同士の人間関係を良好にしていくための授業である。人間関係が良好な状態になっていくためには，良好になっていくための手立てである「コミュニケーション」についての理解を深めることが必要となってくる。そして，さらにつきつめていけば，「コミュニケーション」のもとになる人間の「感じ方」や「自己表現」ということになり，日常性のところで述べた人間の枠組みの形成についての理解にまで踏み込むことが，必要となってくるのである。そこで，複数の授業を一つのパッケージとしてまとめ，テーマ性というものをもたせる必要がでてくる。場合によっては，教員のローテーションを組んで行うこともある。例えば，中学１年生の１学期には，基礎的なコミュニケーションにかかわるもの。２学期にはストレスマネジメントから，アサーションを経てメディエーションへ。２年生１学期には発展的なコミュニケーションからアサーションとメディエーションへつないでいき，２学期には感情対処へとつなげていく。３年生においては，１学期に境界設定を，そして２学期にはリフレーミングを含めた自己管理へと進んでいく。１年生の基礎的コミュニケーションに始まり，３年生の自己管理までのテーマを踏まえて，個人の力としての完成をめざすことになる。細かくテーマ設定を見ていくと，それぞれのパッケージのほとんどは，アサーションにつなげていっているということが，重要なポイントになってくる。つまり，テーマ性を加えて３年間の学習プロセスを通じて，アサーティブなあり様の人間形成をめざしているということを理解していただけると思う。

### ●クロス性とは

道徳の時間における内容項目が，学校教育の全領域において浸透させられるべき価値観であるのと同じように，人間関係学科での学びは，教科授業・特別活動・道徳の時間・総合的な学習の時間をはじめ，学校教育の全領域において活かされなければならないし，すべての領域での学びが人間関係学科の学びにつながっていかなければならない。これが理想の考えなのであるが，実際は，人間関係学科でのあり様と同じあり様で教員が教科授業に臨むことは，なかなかむずかしい課題でもある。それは，人間関係学科がファシリテーションであるのに対し，松原七中校区においても教科授業となると「教授する」という姿勢が頑として存在しているからだ。しかし，松原七中において８年以上も人間関係学科を実施していると，結構自然にファシリテーション的な教授法というものを教員がからだで覚えてしまっているケースもある。しかし，公立学校の宿命として，教員の異動というものがついてまわってくるので，常に毎年一からという感覚も否定することができない。本来は，教員が教育のどの局面においてもファシリテーションの姿勢をもっておくべきなのであるが，２歩前進，１歩後退というようなことを繰り返しながら，教育内容の積み重ねが行われている。そういうこともあり，あえて人間関係学科においては，特に行事を含む特別活動や総合的な学習とリンクをさせている。俗な言い方ではあるが，「すぐに役立つスキル」ということである。本来なら中学校では３年間の積み重ねを通じて，じっくり取り組んでいかなければならないのであるが，中学校の３年間というものは，ほんとうに短く，それぞれの時期が失敗させることができない一発勝負的な側面を持っている。だから，さまざまなものとリンクをさせた内容というものを人間関係学科で取り組むことになる。例えば，宿泊の取組みにおいて子どもたちが自分自身の課題を出し合うクラスミーティングにリンクさせて，１年生の１学期に「こんなときどうした？」，２年生の３学期には「クラスミーティング・シミュレーション」などを実施している。体育大会の前には，「松七★フレンドパーク」を，進路選択が押し迫った３年の２学期には，「私のストレス対処法」などを実施して，実際に子どもたちが行動する際に，スキルを発揮できるように整えているのである。

このように，松原七中では，人間関係学科に①日常性，②テーマ性，③クロス性という意味づけをしながら実施しているが，実際には，これらも「主には……」ということで，厳格に区別する必要はない。３つの側面がそれぞれ関係し合い，それぞれの要素が絡み合っているというところが実際なのだから。ただ，教員と子どもたちが学びを共有するにあたり，それぞれの授業への意味づけというものが，学びを深める上において重要であるということを忘れてはいけないだろう。

〔深美隆司〕

# 3 各校・各園のプログラム

この項では松原七中のプログラムの全体像と，いくつかの授業の指導案，幼稚園，小学校のプログラムの位置づけと指導案の一例などを提示しておく（松原市立松原第七中学校『2009年度　研究開発研究紀要』より抜粋）。

## （1）松原七中のプログラムの特徴

松原七中のプログラムは，

①自己開示（トーキング系のエクササイズ，人間の枠組みと共感性を育てる）

②基礎的コミュニケーション（コミュニケーションの特徴を学ぶ）

③ストレスマネジメント（ストレスを軽減し，ストレスに対処する）

④発展的コミュニケーション（コミュニケーションを活用する）

⑤メディエーション（アサーションを活用し，もめ事などを解決する）

⑥自己管理力（目標を設定することを通じて，時間管理，境界設定等の人間力を育てる）

というような形でまとめることができる。プログラムというものは，それ自体は重要なものであり，一つ一つのプログラムの有効性を検証しながら進められていくものである。しかし，そのプログラム自体は，固定的なものではなく，検証を加えながら変更し，さらによいものへと変化していくものである。また，プログラム自体に力が込められているのではあるが，それを活用する教員の力というものがなければ，プログラム自体の有効性を発揮することはできない。

そこで，重要になってくるものが，教員の「場づくり」と「インストラクション（ねらいとルールの共有）＆シェアリング（ふりかえりとわかちあい）」である。「場づくり」は，教員が子どもたちをホールド（子どもたちを心身から把握している状態）し，教員が子どもたちを受容するための重要な概念である。「インストラクション＆シェアリング」は人間のプロセスに即したものである。つまり，「認知」し，「行動」し，「評価」するというプロセスを，人間関係づくりの授業に組み込んでいるものが，インストラクションとシェアリングなのである。だから，人間関係づくりの授業を積みあげていくことにより，子どもたちは一歩一歩確実に成長し，人間関係のみならず，子どもたち自身にふりかかる諸課題の達成のプロセスに「認知」「行動」「評価」のスパイラルを組み込んでいく力をつけていくのである。その結果，子どもたちのあり様（よう）というものが，依存的なものから主体的なものへと変容していく。

子どもたちが主体的なあり様（よう）を手に入れていくとどうなるのか。松原七中校区におけるアンケート調査による効果測定によれば，「いじめ」に加害者・被害者としてかかわるあり様，学校に対して登校回避感情をもつあり様というものを，子どもたち自身が乗り越えてくれるのである。つまり，簡単に言うと，人間関係学科に教員が取り組むことにより，「いじめ」や「不登校」等の課題に抑制効果が生まれてきたのである。

## (2) 松原七中で平成22年卒業，第24期生に実施したプログラム一覧

区分　日常性（A）
　　　テーマ性（B）
　　　クロス性（C）

・(A) 日常性については，日常性のどういう部分か，(B) テーマ性については，どういうテーマかを，(C) クロス性については，何とクロスしているかを表している。

### 平成19年度（1年生）

| | プログラム名 | 区分 |
|---|---|---|
| 1学期 | ①わたしのじゃがいも<br>②さいころトーキング<br>③こんなときどうする？<br>④こんなときどうした？<br>⑤なんでもキャッチ<br>⑥アニメの村<br>⑦流れ星<br>⑧通じてねゲーム | (A　自己開示)<br>(A　自己開示)<br>(C　校外学習・HR合宿)<br>(C　クラスミーティング)<br>(B　基礎的コミュニケーション)<br>(B　基礎的コミュニケーション)<br>(B　基礎的コミュニケーション)<br>(B　基礎的コミュニケーション) |
| 2学期 | ①新聞紙ジグソー<br>②すごろくトーキング<br>③ふわふわとげとげ<br>④それってほんま？<br>⑤ストレスチェック<br>⑥ストレスゲーム<br>⑦ストレスのメカニズムを知ろう<br>⑧ストレスをマネジメントしよう<br>⑨アサーション教員劇 | (A　協力)<br>(A　自己開示)<br>(A　他者理解)<br>(A　他者理解)<br>(B　ストレスマネジメント)<br>(B　ストレスマネジメント)<br>(B　ストレスマネジメント)<br>(B　ストレスマネジメント)<br>(B　ストレスマネジメント&アサーショントレーニング) |
| 3学期 | ①ルーレット・トーキング<br>②サバイバルゲーム<br>③スパイダーフライヤー<br>④松原第七団地を救え　その1<br>⑤松原第七団地を救え　その2<br>⑥あなたに拍手 | (A　自己開示)<br>(A　協力)<br>(A　協力)<br>(B　ルールづくり)<br>(B　ルールづくり)<br>(A　共感性) |

**平成20年度（２年生）**

| | プログラム名 | 区　分 |
|---|---|---|
| 1学期 | ①わたしのピーマン<br>②ソーシャルスキル・アンケート<br>③すごろくトーキング<br>④On the Desk<br>⑤伝達ゲーム<br>⑥あいうえおロールプレイング<br>⑦もめごとだって解決できるさ | （A　自己開示）<br>（A　自己理解）<br>（A　自己開示）<br>（B　発展的コミュニケーション）<br>（B　発展的コミュニケーション）<br>（B　発展的コミュニケーション）<br>（B　アサーショントレーニング） |
| 2学期 | ①選ぶってどういうこと<br>②声だけテレビ<br>③パニックゲーム<br>④３・２・１　アクション<br>⑤３・２・１　アクション　アサーショントレーニング<br>⑥がらがらトーキング | （C　職場体験）<br>（C　職場体験）<br>（C　職場体験）<br>（B　感情対処）<br>（B　感情対処）<br>（A　自己開示） |
| 3学期 | ①それは私です<br>②トラストウォーク<br>③不安の穴<br>④クラスミーティング・シミュレーション<br>⑤松原七中のよいところインタビュー<br>⑥私の仲間の何がかわったのかな？<br>⑦私のまわりには幸せがいっぱい | （A　他者理解）<br>（A　他者理解）<br>（C　クラスミーティング）<br>（C　クラスミーティング）<br>（A　自己肯定感）<br>（A　自己肯定感）<br>（A　自己肯定感） |

**平成21年度（３年生）**

| | プログラム名 | 区　分 |
|---|---|---|
| 1学期 | ①わたしのピーナツ<br>②すごろくルーレット&トーキング<br>③トラスト<br>④こんな場面に遭遇したら<br>⑤⑥⑦境界を知ろう　その１　その２　その３<br>⑧アポの取り方 | （A　自己開示）<br>（A　自己開示）<br>（C　修学旅行）<br>（C　修学旅行）<br>（B　境界設定）<br>（C　職業調査） |
| 2学期 | ①②松七★フレンドパーク　その１　その２<br>③④⑤社会に通用するスキルを学ぼう　その１　その２　その３<br>⑥⑦⑧ステップアップマナー　その１　その２　その３<br>⑨わたしのストレス対処法 | （C　体育大会）<br>（C　進路選択）<br>（C　進路選択）<br>（C　進路選択） |
| 3学期 | ①プレッシャーを楽しもう<br>②これでがんばろう<br>③100日後の手紙<br>④３年間をふりかえって | （C　進路選択）<br>（C　進路選択）<br>（A　自己肯定感）<br>（A　自己肯定感） |

（深美隆司）

### （3）小学校（恵我小学校・恵我南小学校）のプログラム～あいあいタイムの取組み～

松原七中校区の2小学校では，中学校の取組みに学びながら，「あいあいタイム」のプログラム開発を行ってきた。中学校同様子どもの状況や実態から出発し，一つ一つの授業にターゲットスキルを定め，複数の授業からなるパッケージ方式をとっている。

**①4つの「あい」**

あいあいタイムの「あい」は，

［1］人を愛する（大切にする）の「愛」

［2］自分を大切にする「I」

［3］相手（周りの人）を大切にする「相」

［4］助け合い・支え合いの「合い」

という4つの「あい」と位置づけ，授業の始めに子どもたちと確認してから授業を始めている。

**②ソーシャルスキルトレーニング**

小学校では低学年中心に，対人関係・コミュニケーション力をターゲットスキルとした，対人関係スキルの授業を系統立てて実施する方向で，取組みを進めている。

**③自己肯定感の育成**

小学校でも，自己肯定感の育成が，大きな課題となっている。自己肯定感の育成には，自分を好きになる，自分に自信をもつとともに，まわりの人たちに認めてもらう，まわりの人たちを好きになることが重要である。そこで，全学年が特にクラス替えのある1学期に，自分や友達のいいところ探しを中心とした授業に取り組んでいる。

**④ストレスマネジメント**

小学校でも，さまざまなストレスを感じ，それをうまく対処できない子がいることから，特に中学年以上で感情対処・ストレス対処の授業の必要性が出てきている。

**⑤出会いと気づきを大切にした授業**

高学年になると，「時間管理」，「決断と問題解決」，「計画性」，「情報活用力」などのターゲットスキルをねらいとした授業にも，取り組んでいる。その際，小グループで，一体感・達成感をもたせながら，子どもたちの気づきを大切にする。また，それを出し合う中で，ねらいを共有できることを大切にするなど，ほぼ中学校に近い形で授業を行っている。

**⑥シェアリングを大切に**

特にこの間論議されてきたのは，子どもたちの振り返りをどうシェアリングさせるかということである。一つは，振り返りをワーク実施後できるだけ早いうちに写真も含めて掲示物にして，教室に貼るようにしている。それだけでなく，より深い気づきを導くように，中間シェアリングを設けたり，その場の意見を少し出させてから，振り返りシートに書かせたり，全員発言をめざしたり，状況に応じてさまざまな方法に取り組んでいる。

### ⑦楽しいと実感できる授業に

「あいあいタイムは楽しくて何か発見がある」と子どもたちに感じさせたい。そのために，さまざまな知恵を絞っている。教員の登場の仕方，興味を引く場の設定，教材教具等……。そして，教員も一緒に楽しんで取り組むことを大切にしている。

## （4）幼稚園（恵我幼稚園）のプログラム

平成21年度も過去２年間の「あいあいタイム」の年間計画をもとに内容を再検討し，取組みを進めた。

### ●実践１　ペア（4・5歳児）で遊ぼう！～こっちやで～

５歳Ａ児は何事にもマイペースで，登・降園時の準備も，その日の気分でなかなか進まず，自分のしたくないことは，できるのに避けようとする面がある。遊びに関しても，話を集中して聞くことがむずかしくルールがわからないため，教員に助けを求めたり，途中であきらめて違う活動を始めたりすることが多い。特に初めて経験することには苦手意識をもち，なかなか取り組もうとしない。

第１回目のペア遊びの日は，４歳児から一緒に遊びたい５歳児を誘うことにした。Ａ児とペアになるのは誰だろうと様子を見ていると，４歳児の中でも幼いＢ児がＡ児の横に座った。「このペアはうまく遊びを進めていけるかしら？」と，不安を感じながら様子を見守ることになった。

その後の「集い」（全園児で遊ぶ活動）では，Ａ児が靴の履き替えに時間がかかり，なかなかＢ児を迎えに行こうとしないので，教員が一緒に迎えにいくようにした。また，相手が目の前にいても声をかけないので，「『Ｂ君一緒に行こう』と誘ってあげたら？」と助言することもあったが，遊びを重ねる中で互いを意識するようになり，Ａ：「こっちやで」Ｂ：「うん」と，少しずつ言葉をかけあう姿が見られるようになっていった。Ｂ児もなかなかリードしてくれないＡ児に対して，不安を感じたり，困っている様子を見せたりすることもなく，２人だけの世界を楽しみながらも，ほかのペアと同じように活動を進めることができるようになった。

**《考察》**

教員は「ペア活動において，遊びをリードする者が必要だ」と考えがちであるが，このペアのように２人の思いや活動のテンポが合えば，どちらかがリードしなくても，共に楽しく遊びを進められるということがわかった。また，ペア活動が定着してきたころのＡ児の言葉がけや行動を見ていると，「自分はお兄ちゃんである」という意識をもってかかわれるようになってきたことを感じる。Ａ児の５歳児としてのプライドを傷つけることなく，がんばっている姿を認め，時間をかけて見守っていくことの大切さを改めて感じた。

## ●実践2　かえるごっこを一緒にしよう！～お兄ちゃんが，守ってあげるからな～

6月初旬の「集い」で，カエルとザリガニになり，鬼ごっこをしたときだった。4歳C児は「ザリガニが怖い！」とテラスから動こうとしなかった。C児の様子を見た5歳D児が「大丈夫やって！一緒に行こう」と誘ってくれたが動こうとしない。そこで，ほかの子どもたちに「ザリガニが怖いんだって，どうしたらいいかな？」と問いかけると「Cさんが，ザリガニになったら？」などと考えを出してくれたが納得できず，参加しようとしなかった。そこで，「そしたら，Cさんは捕まえないっていうことにしたらどう？」という意見が出た。そのことをC児に伝えると，ようやく立ち上がりD児が差し出した手を互いに強く握り合って参加することができた。このようにしてカエルごっこが始まったが，やはりC児は動き出すのに勇気がいるようでなかなか参加することができなかった。

やっと2人が1歩踏み出したとき，ザリガニになったE児が2人を捕まえに来た。するとD児は「Cさんはザリガニが怖いから捕まえたらあかんことになってたやろ！やめたって!!」と強い口調でE児に言い，C児を守る様子が見られた。

《考察》

強く手をつないだ2人の様子から，4歳C児は「お兄ちゃん，守ってな」という気持ち，5歳D児からは「守ってあげるから，大丈夫やで」という気持ちが伝わってきた。今回のことがきっかけとなり，ペアの5歳児の気持ちを受け止め，少しずつではあるが安心して活動に参加できるようになっていった。

《取組みの中で見えてきたこと》

「あいあいタイム」の取組みも3年目になり，4・5歳児のかかわりにおいて互いに得るものが多く，「継続は力なり」と感じている。特に5歳児は年長児として4歳児をリードし，優しく接することで幼児期なりの「対人関係」を築き「自己信頼・自己管理力」を得ることができるようになってきた。また，4歳児も安定した生活が送れるようになり，自分たちが5歳児から受けた優しい思いを，次の年少児へ伝えようという気持ちが芽生えてきている。しかし，個々の個性や学年の特徴など，さまざまな違いもあり，その年度によって取組みの内容を考慮しながら進めていくことの大切さも感じることができた。今後も教職員間の共通理解を図り，個々の子どもに応じたよりよい保育ができるように計画を立て，活動を発展させていきたい。

〔2009年度『研究開発研究紀要』より〕

（1）　自己開示

# わたしのじゃがいも

**【本時のねらい】** 中学校入学直後，自己開示を通じて，新しい仲間と良い出会いをする。

**【ターゲットスキル】** 自己信頼　コミュニケーション力

**【エクササイズ＆準備物】**

アイスブレーキング：なし

メインエクササイズ：「わたしのじゃがいも」　男爵いも（人数分）

**【授業のポイント】** じゃがいもに自分を投影したものを開示することで，自己開示のハードルを低く設定している。しかし，自分を投影するという作業は，普通に自己開示をするよりは個性があふれ出るので，想像以上におもしろい展開になる。たくさんのじゃがいもの中から自分のじゃがいもを発見できたときの感動がすばらしい。教員のモデリングが重要である。

**【流れ】**

| | 活動の流れ | 留意点・教具等 |
|---|---|---|
| インストラクション | 「わたしのじゃがいも」<br>教員２人のモデリングを通じてインストラクションを行う。<br>その内容（名前，ニックネーム，チャームポイント，好きな食べ物，好きな色，家族構成，好きな言葉，願い等）<br>例）「僕は，北海道生まれのジャガ男さ。夢は，とてもおいしいポテトチップになることさ……」。<br>かぶり物をつけてこのような会話を行う。 | ●教員同士のモデリングの時に使用するじゃがいものかぶりもの一対。<br>●教員と子ども全員分の男爵いも（メークインだと判別しにくい）を用意する。<br>●教員がしっかりとなりきる。 |
| エクササイズ | ①班に配られたじゃがいもを１つ手に取り，じゃがいもをしっかりと見つめながら，自己紹介を考える。<br>②班の中で，じゃがいもを見つめ，みんなに見せながら自己紹介をしていく。<br>③班の中で，いちばんナイスな紹介を話し合いで選び出す。<br>④班で選んだナイスな自己紹介をクラスで発表する。<br>⑤教卓に全員のじゃがいもを集める。<br>⑥じゃがいものまわりに集まり，自分のじゃがいもを探し出す。 | ●じゃがいもをしっかりと見つめることにより，じゃがいもの個性と自分の個性が一つになるようにする。<br>●教員が班の発表をしっかりと観察し，声を出しながら好ましい雰囲気をつくっていく。<br>●同時に集まると教卓の周りが混乱する場合があるので，班の順で探すなど工夫をする。<br>●まれに，自分のじゃがいもを発見できない場合があるので，班の仲間が協力したり，教員の支援を入れたりする。 |

| | 活動の流れ | 留意点・教具等 |
|---|---|---|
| 振り返り・シェアリング | ①自分のじゃがいもを見つけたら，班にもどり，じゃがいもを真ん中に置いて，気づいたことを交流する。<br>②振り返り用紙に記入する。<br>③全体でシェアリングする。<br>④教員からのフィードバックを行う。 | フィードバックの視点<br>・自分の個性に新たに気づいたこと。<br>・仲間の個性への新しい発見。<br>・じゃがいもになりきるということ自体が，自分の自己開示になっている。<br>・自分のじゃがいもを発見できたことの喜び等。 |

〔参考文献〕 ラルフ・ペットマン著　福田弘訳『人権のための教育』明石書店
「みんなちがってみんないい」國分康孝監修『エンカウンターで学級が変わる　中学校　2』図書文化社

### 子どもの気づき

・みんな楽しそうに書いて，話してくれてすごくよくわかった。
・自分のじゃがいもが可愛くなった。私のじゃがいもは芽が顔の形やった！
・じゃがいもになると自分のこともしゃべりやすかった。
・初対面の子もいたけど，普通にしゃべれてよかった。
・なんかわからんけど，めっちゃ楽しい気持ちになれた。
・いろいろな形があって，人と同じやな～と思った。
・友達になれた気持ちがする。

### 授業者より一言

1年生の新しい班ができて間もないころの実施でした。班によっては，会話もあまりなく表情も固い班があったのですが，この授業に取り組んでからは，班での昼食も盛り上がり，会話が飛び交うような状態になりました。終わりの短学活での反省会なども，活発に意見交換できるようになりました。「じゃがいもになりきる」というだけの授業なのですが，このエクササイズの力を実感することができました。

（1）　自己開示

# すごろくトーキング

**【本時のねらい】**　２学期になり，気持ちを新たに，新しい班の中での人間関係を深めていく。

**【ターゲットスキル】**　自己信頼　共感性

**【エクササイズ＆準備物】**

アイスブレーキング：「絵しりとり」　大きめの紙，マーカー（各班）

メインエクササイズ：「すごろくトーキング」　コマセット（各班人数分），すごろくシート（各班）

**【授業のポイント】**　すごろくのお題に沿ったトーキングを，班でルールを決めながら進めていく。お題は，コマが進むに従って徐々に内容の深いものになっているので，やりとげた後の心地よさを感じてもらいたい。ただし，言いたくないお題には答えなくてよい，というルールは徹底する。

**【流れ】**

| | 活動の流れ | 留意点・教具等 |
|---|---|---|
| ウォーミングアップ | 「絵しりとり」<br>①教員２人で，「絵しりとり」のモデリングを行う。<br>絵だけでしりとりをする。何を描いたかしゃべらない。<br>生徒に何を描いたかあててもらう。<br>②班でモデリングと同じように，絵を描いてしりとりを行う。<br>制限時間内（５分）で進めるだけ進める。<br>③感想を班で交流し，作品を全体に紹介する。 | ●班に１枚画用紙，マーカー１セットを準備する。好きな色を使って描く。<br>●個性がよく出ているものを紹介する。 |
| インストラクション | 「すごろくトーキング」<br>①順番にサイコロを振り，出た目の数を進み，止まったところのお題について答える。<br>②班でルール（まわる順番，ゴールの方法等）を考える。<br>③ちゃんと受け止め（「へー」「そうなんですか」等）をする。<br>④言いたくないお題については，「パス」してもいい。 | ●班に布製サイコロ１個，すごろくのコマ人数分，すごろくシート１枚を配布する。<br>●言いたくないお題には答えなくてもよいなど，生徒に安心感を与える。 |
| エクササイズ | ①班でルールを決め，順番にサイコロを振ってすごろくを始める。<br>②一人一人の発言を，心で受け止める。<br>③発言に対して質問をしてもいい。<br>④全員がゴールすれば終了。 | ●活動が停滞している班には，中に入って聴き役にまわったりして，支援する。<br>●徐々に深まる配列になっていくお題の内容に合わせよく観察する。 |

| | 活動の流れ | 留意点・教具等 |
|---|---|---|
| 振り返り | ①班ですごろくを終えた感想を交流する。<br>②班でのベストアンサーを選ぶ。<br>③全体にベストアンサーを紹介する。<br>④教員からのフィードバックを行う。 | フィードバックの視点<br>・班の工夫（ルール等）を紹介する。<br>・自己開示の心地よさを生徒の振り返りからひろう。 |

〔参考文献〕　國分康孝・國分久子総編集『構成的グループエンカウンター事典』図書文化社　p384

子どもの気づき

・すごろくトーキングの内容で好きな教科が一緒やった！
・みんなで楽しめたからよかった。班の人のことを知れたからすごくうれしい！
・めっちゃ楽しかった！すごい楽しい気持ちになった！
・ちょっと言いにくいこともあったけど，ちゃんと言えた！楽しかった！
・次はもっとマスを多くしてもう１回すごろくトーキングしたいな～って思った。
・めっちゃ楽しかったし，おもしろかった。Ｙくんの発言がおもしろかった。
・すごろくトーキングで話をしてなんかすっきりした！みんなのことも知れた！

授業者より一言

　単純で簡単なような気がするかもしれませんが，このような単純な授業というものは，けっこう配慮を必要とします。まず，ウォーミングアップで，子どもたちの気持ちをのせることが大切です。絵しりとりで，教員の個性があらわれるように大胆に描いてみてはどうでしょうか。すごろくのルールづくりは大切です。ルールと心地よさというものがちゃんと共存しているということを，子どもに実感させることが大切です。そうでなければ，サイコロを冗談で投げてしまうような子どもが出てくるかもしれません。

（1）　自己開示

# がらがらトーキング

**【本時のねらい】**　２学期も終わりに近づいて，生徒たちの関係性も深まったところで，バラエティーに富んだ自己開示に取り組んでみる。

**【ターゲットスキル】**　自己信頼　共感性

**【エクササイズ＆準備物】**

アイスブレーキング：「カードでどん！」　キャラクターのイラスト３枚（各班，人数分）

メインエクササイズ：「がらがらトーキング」　ビンゴマシン，がらがらシート（各班１）

**【授業のポイント】**　職場体験の感想や，学校のセールスポイントなど，この時期にあった質問を入れる。この時期になると，自己開示のエクササイズにも慣れているので，少々変わった質問を入れてもおもしろい。より個性が見えてくる自己開示の授業である。

**【流れ】**

| | 活動の流れ | 留意点・教具等 |
|---|---|---|
| ウォーミングアップ | 「カードでどん！」<br>①班で３種のイラスト（車，飛行機，船など）の１枚を「カードでどん！」のかけ声とともに一斉に出す。<br>②全員がそろうまで，何度でも行う。 | ●班に人数分の３種のイラストセットを配る。<br>●班で工夫をし始めるのでしっかり観察する。 |
| インストラクション | 「がらがらトーキング」<br>①班で順番を決め，ビンゴマシンから出た番号の質問に答えていく。（番号は１～50）<br>②出た番号で，シートにある質問に答える。<br>③ちゃんと受け止め（「へー」「そうなんですか」等）をする。<br>④言いたくないお題については，「パス」してもいい。 | ●班に，ミニビンゴマシン１台（100円ショップで入手），がらがらシート１枚を配布する。<br>●シートには50問の質問がある。 |
| エクササイズ | ①ビンゴマシンを回し，出た番号の質問に答える。<br>②一人一人の発言を，心で受け止める。<br>③発言に対して質問をしてもいい。<br>④予定時間が来れば終了する。 | ●停滞している班には，聴き役に入ったりして支援する。<br>●お題の内容が，アトランダムになってくるが，残りの質問が決まってくるので緊張感も出てくる。 |
| 振り返り | ①班でトーキングを終えた感想を交流する。<br>②班でのベストアンサーを選ぶ。<br>③全体にベストアンサーを紹介する。<br>④教員からのフィードバックを行う。<br>⑤振り返り用紙に記入する。 | フィードバックの視点<br>・班での盛り上がっていた状況を返す。<br>・自己開示の心地よさを生徒の振り返りからひろう。 |

### 子どもの気づき

・人それぞれ，思うこと，考えていることがちがうな～と思った。
・自分のことを話すとき，ちょっと悩んだ。でもおもしろかった。
・限られた時間でむずかしい質問もあったけど，いろいろ知ることができた。
・恥ずかしがったり，嫌やと思わないで普通に自分のことを言っていた。
・前にもトーキングゲームはやったけど，がらがらは楽しかった。

### 授業者より一言

２年の２学期も終盤ということもあり，子どもたちの関係性というものが熟成してきた時期だったので，ビンゴを回している段階から盛り上がっていた班がほとんどでした。学校生活にかかわることから，個人の好みに関しての質問があったりして，バラエティに富んでいました。そばで聴いていても，この子にこんな側面があったのか，と再認識する場面もありました。何しろ，ビンゴですから，質問がどんどん減っていくわけで，この質問には誰が答えるのだろうとかいうドキドキ感もあったようです。すごく楽しいトーキングエクササイズでした。

## がらがらトーキング

① 昨日の晩ご飯は？
② うちのクラスを一言で言うと？
③ うちの班のイメージは？
④ この学校の良いところは？
⑤ スキー合宿で楽しみな事は？
⑥ 好きなお好み焼きは何焼き？
⑦ 好きなたこ焼きの種類は？
⑧ 飲み物は HOT 派？COLD 派？
⑨あなたの好きなラーメン屋は？
⑩ 夏にはどんな果物が好き？
⑪ 将来の夢は？
⑫ 今晩何を食べたいですか？
⑬ 朝起きて一番先にすることは？
⑭ あなたが好きなスポーツは？
⑮ 勉強するとき，まず最初にしようと思う教科は？
⑯ カレーに乗せるならららっきょ派？福神漬け派？
⑰ あなたが好きな魚料理の味は？
⑱ あなたが今一番大声で言いたいことは？
⑲ この学校で今までで一番楽しかった行事は？
⑳ クラブでの悩みは？
㉑ 家での楽しみは？
㉒ 人生最大の失敗は？
㉓ 好きなお寿司のネタは？
㉓ カラオケで必ず歌う１８番は？
㉕ 風船に手紙をつけてとばしました。行方は？
㉖ ドラえもんの道具で一番貸してほしい物は？
㉗一番好きな番組は？
㉘カラオケで必ず歌う１８番は？
㉙自分の名前の由来は？
㉚ 担任の先生に一言！
㉛ 生まれ変わるとしたら男？女？なぜ？
㉜ 自分を動物にたとえると？
㉝ 一番の宝物は？
㉞海外旅行をするとしたらどこへ行く？
㉟ 給食のメニューで一番好きだったものは？
㊱ 好きなタレントは誰？
㊲ 職場体験での一番の思い出は何？
㊳ 自分のコンプレックスは？
㊴ 一番好きな教科は何？
㊵ 今はまっている食べ物は？
㊶ 住んでみたい都道府県は？
㊷ 休みの日の過ごし方は？
㊸ 体育大会での思い出ベスト１は何？
㊹ 最近楽しかったことは？
㊺ 最近びっくりしたことは？
㊻ サンタさんからのプレゼント！何がいい？
㊼ 我が家のルールはコレ！
㊽ 我が家の家族を紹介します！
㊾ もし生まれ変わったら何になりたい？
㊿ 一番怖いことは何？
おまけ：あなたの主張をどうぞ！！

## 人間関係学科　　中学校１年生　１学期５月

（２）　基礎的コミュニケーション

# なんでもキャッチ

**【本時のねらい】** コミュニケーションの基本として，相手の目を見たり，やさしく言葉を伝え，伝えられた言葉をしっかりと受け止めるということが大切であることに気づく。

**【ターゲットスキル】** コミュニケーション力　対人関係

**【エクササイズ＆準備物】**

アイスブレーキング：「あとだしジャンケン」 準備物なし

メインエクササイズ：「なんでもキャッチ」 いろいろなボール，タワシなど

**【授業のポイント】** アイスブレーキングで相手をよく見ることで体を暖めたあと，コミュニケーションの基本は，相手を大切にするということや，投げかけられた言葉をしっかりと受け止めるということに進む。そのために，ボールを投げて，受け取るという疑似体験が組み込まれた，単純だが，内容の深い授業である。単純であるがゆえに，むずかしい部分もある。

**【流れ】**

| | 活動の流れ | 留意点・教具等 |
|---|---|---|
| ウォーミングアップ | 「あとだしジャンケン」<br>教員が音頭をとって全員とジャンケンをする。<br>①あとだしで教員に勝つ。<br>②あとだしで教員に負ける。<br>・教員に勝つのは比較的簡単だが，負けるのは間違ったりすることもある。<br>・負けることは慣れていないので，間違ってしまうのか。<br>・相手をしっかり見るということが大切だ。 | ●生徒をリードしていくために教員がしっかりと声を出す。<br><br>●「さいしょはグー，ジャンケンポン，ポン」の最初のポンで教員が，２回目のポンで生徒が出す。 |
| インストラクション | 「なんでもキャッチ」<br>学級で２グループに分かれる。<br>教員が輪の中に入り最初の１投目を投げる。<br>①投げる相手の名前を呼ぶ。<br>②呼ばれた相手は返事をする。<br>③返事を聞いてからボールを相手に投げる。<br>④投げられた相手は，大切に両手でつかむ。<br>⑤次の相手を見つけて名前を呼ぶ。<br>⑥以降，繰り返して全員に回す（１人１回）。<br>全員にボールが回るか……<br>⑦全員にボールが回る前に，落としたり，取れなかったりすると，初めからやり直す。<br>⑧名前を呼ばなかったり，返事を忘れてもやり直す。 | ●グループごとに，柔らかいボールを何種類か，タワシ等のように受け取ると少々痛いものを準備する。<br>●グループ分けは班単位で分けるなどの機械的な分け方をする。男女混合のほうが望ましい。 |

| | 活動の流れ | 留意点・教具等 |
|---|---|---|
| エクササイズ | ①グループに分かれて，教員からスタートする。<br>②相手の名前を呼び忘れたり，返事をし忘れたりすると，教員がストップをかける。<br>③教員がうまく投げたり，受け止めたりするポイントを言わない。何度も繰り返すことで生徒に気づく機会を与える。<br>④全員，無事回ることができたら，ボールの種類を変える。<br>⑤最後にタワシなどの投げにくく受け取りにくいものを使う。 | ●失敗すると，投げる相手を変えるのではなく，同じ順番で相手に投げた方が，気づきが得やすい。<br>●最後のほうになると，グループの中で，盛り上がるが，緊張感も高まる。<br>●タワシを受け取ると少し痛い。 |
| 振り返り | ①グループで気づきを交流する。<br>・うまく回ったときは，どんなときか。<br>・うまく回らなかったときは，どんなときか。<br>②振り返り用紙に記入する。 | フィードバックの視点<br>・うまくいったときの気づきと，うまくいかなかったときの気づきを本人の気づきから出るのはもちろんだが，まわりから見た気づきというものも出せればよい。 |

〔参考文献〕 プロジェクトアドベンチャージャパン『グループの力を生かす』みくに出版「ネームトス」p125。高久啓吾『楽しみながら信頼関係を築くゲーム集』学事出版「ネーム・トス」。國分康孝監修『エンカウンターで学級が変わる　ショートエクササイズ集２』図書文化社「自己紹介トス」。

### 子どもの気づき

・悪口みたいなにくい言葉（タワシ）もちゃんと受け取りたい。
・人に話しかけるときには，相手の気持ちを考えて話しかけたり，きつい言葉を言ったりしないようにしようと思った。
・おもいっきり投げたら取りにくい！言葉も同じだと思った。
・受け取り終えてから人に言いたいと思った。
・相手の目を見て，相手にわかりやすいように話をしようと思う。
・ボールの投げ方とコミュニケーションの取り方が一緒や！
・相手が受け取りやすいように相手のことを考えた言葉を投げるようにしたいと思った。

### 授業者より一言

はじめのところでは，ボールを強く投げてしまっていた子どもも，徐々に，場の雰囲気に入り込み，最後のほうでは，最後の子どもがキャッチできるように，声かけまでしていたのが印象的でした。ボールを投げ，それを受け取るというだけの授業ですが，深い気づきを得ることができたようです。タワシを使った「なんでもキャッチ」は，トゲのあるタワシ＝きつい言葉というイメージを簡単にもつことができたようで，やさしい言葉かけの意味が伝わったようです。

人間関係学科　　中学校１年生　１学期６月

（２）基礎的コミュニケーション

# スーパー新聞紙ジグソー

**【本時のねらい】** 班で考え，行動することにより，班の中でのコミュニケーションを活発にする。さらに，力を合わせて課題に取り組むことを通じて，情報を共有することの意義に気づく。班だけでなく，学級全体での達成をめざす。

**【ターゲットスキル】** コミュニケーション力　決断と問題解決　情報活用力

**【エクササイズ＆準備物】**

アイスブレーキング：「あとだしジャンケン　グループバージョン」 準備物なし

メインエクササイズ：「スーパー新聞紙ジグソー」 新聞紙見開き２面(各班)，セロハンテープ(各班)，新聞紙を入れる大きめの箱

**【授業のポイント】** 「新聞紙ジグソー」のバージョンアップ版である。「新聞紙ジグソー」自体は，破った新聞をもとにもどすという作業を通じて班での協力をめざすものであるが，「スーパー新聞紙ジグソー」は，破った新聞を学級の一箇所に集め，それを班ごとに復元するという班と学級の総合的な協働を課題としている。

**【流れ】**

| | 活動の流れ | 留意点・教具等 |
|---|---|---|
| ウォーミングアップ | 「あとだしジャンケン　グループバージョン」<br>①指導者の指示に従って，あとだしジャンケンをする。<br>・勝つ　・負ける　・あいこになる<br>②班でリーダーを決め，班の中であとだしジャンケンをする。それぞれ５回ずつ行う。 | ●あとだしジャンケンを班の活動へと発展させる。<br>●「よーい，スタート！」で，各班，あとだしジャンケンを一斉に始める。 |
| インストラクション | 「スーパー新聞紙ジグソー」<br>①新聞紙の両面を，全員でしっかり観察する。<br>②新聞見開き２面を，指導者の指示に従って，16ピースに分割する（手で破っていく)。<br>③各班に１ピースだけ残し，残りのピースは教室の真ん中に置かれた箱にすべて入れる。<br>④指導者の合図で，順番に１人ずつ新聞を取りに行き，１ピースだけ班に持ち帰る。<br>⑤持ち帰ったピースを組み合わせ，新聞をセロハンテープで貼り合わせ，もとのかたちに戻す。完全に復元できれば終了。<br>⑥もし，持ってきたものが他班のピースであることが判明した場合，次，取りに行くときに箱に返す。 | ●新聞紙に興味をもたせるようにしながら，子どもたちに観察させる。<br>●新聞紙を半分に折って破る。またそれを半分に折って破る。４回繰り返すと16分割になる。<br>●箱は底面積が広く，高さが低いものが望ましい。<br>●他の班のピースを持ってきたことに気づいた場合は，次の人が取りに行くときに，箱に返させる。 |

| | 活動の流れ | 留意点・教具等 |
|---|---|---|
| エクササイズ | ①配布された新聞紙の両面を，全員でしっかりと観察する。<br>②班の中で破る人を４人決め，指導者の指示にしたがって，16分割になるまで４回破る。<br>③班に残す１ピースを決め，残りをすべて教室の真ん中の箱へ持っていく。<br>④指導者の合図で，１人ずつ箱から１ピースを選んで班に持ち帰り，セロハンテープで貼りつけて，新聞を復元していく。<br>⑤完成した班から，黒板に貼りつけていく。<br>⑥全班が黒板に貼り終えた時点で終了。 | ●子どもが無茶な破り方をしないように，ていねいに破るよう教示する。<br>●残す１ピースをどれにするかがポイントになる。<br>●指導者は進行状況から判断して，作戦タイムを適宜挿入する。 |
| 振り返り | ①グループで気づきを交流する。<br>・どんな工夫をしたか。<br>・班員それぞれがどんながんばりをあらわしたか。<br>②振り返り用紙に記入する。 | フィードバックの視点<br>・それぞれの班がどんな工夫をしていたのか，また，一人一人がどんながんばりをあらわしていたのか。全班が完成するまでの出来事を返していく。 |

〔参考文献〕 諸富祥彦他編著『エンカウンターで学級づくりスタートダッシュ！　中学校編』図書文化社「新聞紙パズル」

子どもの気づき

・班のみんなで協力したら，小さくちぎった新聞紙も，また，もどせることがわかった。
・みんなのおかげで全部そろってよかったです。
・工夫をしたり，作戦を立てたりしてみんなでできました。
・かなりむずかしいと思った。でもわかってうれしかった。
・楽しかった。小学校のときよりパワーアップしていたから。
・新聞のパズルは班全員で協力できてよかったです。

授業者より一言

全班のピースを学級の１箇所に集めるということを通じて，「新聞紙ジグソー」よりもエクササイズ自体のハードルが上がり，子どもたちの達成感はかなりありました。一見，不可能ではないかと思われるような作業でしたが，初めに新聞紙をしっかり観察させることで，子どもたちが新聞記事の全体像をつかみ，子どもたちどうしの情報交換を通じて，成し遂げられたようです。学級全体で完成させるという目標で取り組んだので，できるだけ間違えないように，ピースを取りに行っていたようです。しかし，何人かが間違ってしまう場面もありましたが，他の班の迷惑にならないように，気がつくとすぐに返しに行く場面もありました。学級が盛り上がりました。

（３）ストレスマネジメント

# パニックゲーム

**【本時のねらい】** ストレスを実際に体感することで，ストレスが自分自身の心や身体や行動に，どのようにあらわれてくるのかに気づく。

**【ターゲットスキル】** ストレス対処

**【エクササイズ＆準備物】**

アイスブレーキング：「ブラックボックス」　ブラックボックス，中に入れる物

メインエクササイズ：「パニックゲーム」　黒板に貼る大きい問題用紙２～３題（100頁），リハーサル用の問題用紙（人数分），風船（数個），空気入れ（１台）

**【授業のポイント】** この授業は，実際にストレスを体感する２つのエクササイズを組み込んだものである。選ばれた何人かが体感することになるのだが，体感している人の様子をしっかり観察することによって，気づきを得ることができる。

**【流れ】**

| | 活動の流れ | 留意点・教具等 |
|---|---|---|
| ウォーミングアップ | 「ブラックボックス」<br>ブラックボックス（黒く塗った箱）の中身に触れ，中に何が入っているかを当てる。観察者には何が入っているか見えるようになっている。<br>①ブラックボックスに手を入れる人－何が入っているのかがわからないので不安な気持ちになる。観察者の反応が気になる。<br>②観察者－何が入っているのかがわかっているので，手を入れている人の反応から，何らかの気づきを得る。 | ●ブラックボックスは，前部からは中身が見える箱を準備する。<br>●手を入れる人を励まし，勇気を与える。<br>●正解・不正解ではなく，感じたことに焦点をあてる。 |
| インストラクション | 「パニックゲーム」<br>①全員に問題用紙（リハーサル用）が配られる。<br>②制限時間内に問題（「鯖」以外の漢字を10個見つける）を解く。<br>③代表が３人前に出て，問題を解く人・風船を持つ人・空気入れで風船をふくらませる人というように仕事分担をする。<br>④「用意！はじめ！」の合図で本番の問題を解いていく。風船を持つ人，ふくらませる人は任務を遂行する。<br>⑤解答が完成すれば，空気を入れるのはストップするが，完成しなければ，風船が割れる。風船が割れれば終了する。 | ●ストレスがかかっていないときの自分の状態を，リハーサルで体験させる。<br>●代表は，希望者でもよいし，希望する班から選んでもよい。 |

| | 活動の流れ | 留意点・教具等 |
|---|---|---|
| エクササイズ | ①問題を解く人，風船を持つ人，風船をふくらませる人は，所定の位置につく。<br>②「用意！はじめ！」の合図で問題を解く人は問題を解き，風船をふくらませる人は，一生懸命に風船をふくらませる。<br>③問題が完成したら風船をふくらませる人は，ふくらますのをストップする。問題が完成していなければ，ふくらませ続ける。<br>④風船が割れたら，問題をストップする。<br>⑤終了後，問題を解く人，風船を持つ人，風船をふくらませる人が感想を述べる。<br>⑥時間があれば，第2グループ，第3グループと進んでいく。 | ●危険なので，問題を解く人に風船を近づけさせない。<br>●映画「ジョーズ」のジョーズ登場の音楽などをかけてあげると，緊張感がどんどん増していく。<br>●観察者の様子もしっかりと観察しておく。 |
| 振り返り | ①グループで気づきを交流する。<br>・体験した人の気づきだけでなく，観察者の気づきも出していく。<br>・体験した人と観察者の気づきの共通点も考えてみる。<br>②振り返り用紙に記入する。 | フィードバックの視点<br>・体験した人と，観察者だけだった人との間には，違ったレベルの気づきが起こるので，その双方を交流させるほうが望ましい。観察者の中にもストレスを感じて，観察できなかった人も出てくる。 |

〔参考文献〕 ストレスマネジメント教育実践研究会（PGS）編『ストレスマネジメント・テキスト』東山書房

### 子どもの気づき

・パニックゲームのあのハラハラは，実際にやってみないとわからないかもしれないが，絶対あせると思う！
・風船がふくらんでいくにつれて，冷静さがなくなっていく。
・パニックゲームを前でやっている友達を見て，リアクションや焦っているところがおもしろかった。
・A君はいちばん最初にやったので，中身が虫だと思ってなかなか手を入れられなかった。見ているほうは楽しいけど，やっているほうはすごいストレスやと思う。B君は冷静だった。

### 授業者より一言

子どもたちは盛り上がりました。ブラックボックスも風船割りも，希望者が殺到して，授業への参加度合いはマックス状態でした。ただ，アクションが多い授業なので，教員のさりげない言葉が「気づき」を促進するのではないかと感じました。「楽しかった」「おもしろかった」ということは大切な要素ですが，自分の生活に振り返っていくところまで，子どもたち自身がフィードバックすることができれば，最高だと思います。しかし，こんなに楽しい授業は久しぶりです。

（３）　ストレスマネジメント

# 100マス計算

**【本時のねらい】**　ストレスが人間のどういう部分にどんな影響を与えているのかに気づき，それに対処する方法もさまざまであることに気づく。ストレスの流れを理解することにより，ストレスはコントロールできるものであることにも気づく。

**【ターゲットスキル】**　ストレス対処

**【エクササイズ＆準備物】**

アイスブレーキング：なし

メインエクササイズ：「100マス計算」　100マス計算シート

**【授業のポイント】**　この授業は，アイスブレーキングとしての100マス計算のインパクトが強い。100マス計算は，子どもたちにストレスを生み出すためのものなので，実際に実施はしない。しかし，「100マス計算をする」という刺激は的確に与えなくてはいけないので，指導者は真に迫った演技を必要とする。

**【流れ】**

<table>
<tr><th></th><th>活動の流れ</th><th>留意点・教具等</th></tr>
<tr><td>ウォーミングアップ</td><td>「100マス計算」<br>①100マス計算のルール説明。<br>・縦の欄と横の欄の交点にあたるマス目に指定された四則計算の答えを計算して記入する。<br>・四則計算は×（掛ける）である。<br>・制限時間は５分。<br>②質問を受けつける。</td><td>●100マス計算は，現実には完成不可能な難問にしておく。<br>●あたかも実際に100マス計算を行うように場をもっていく。</td></tr>
<tr><td>インストラクション</td><td>①100マス計算シートが配布される。<br>②100マス計算のルールが説明される。<br>③100マス計算のスタート直前で，ストップをかける。<br>④「やらないんだ」とわかったときの感情を確認する。<br>板書<br>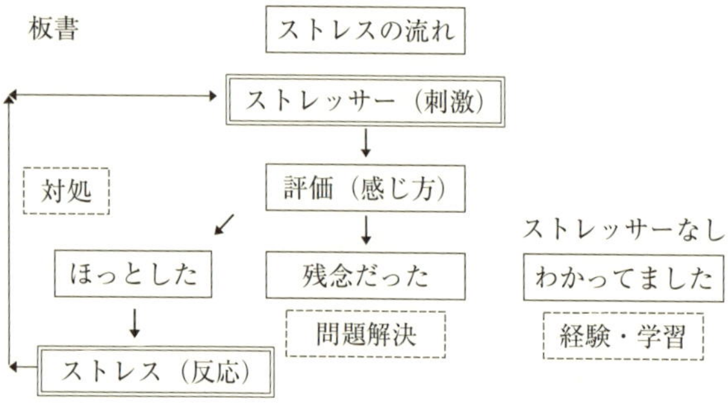
</td><td>●「用意！はじめ！ません」。<br>●子どもたち－ずっこける。<br>●概して「ほっとした」「残念だった」「わかってました」という気づきが生まれる。<br>●子どもの「気づき」をストレスの流れにあてはめていく。<br>●「ストレッサー」「評価」などの概念を説明する。<br>●ストレス→ストレッサー</td></tr>
</table>

<table>
<tr><th></th><th>活動の流れ</th><th>留意点・教具等</th></tr>
<tr><td>エクササイズ</td><td>①この部屋が40℃を越えたとするとどうするか。<br>好ましい対処：「クーラーをつける」「冷たいものを飲む」等<br>好ましくない対処：「がまんする」「イライラして物にあたる」等<br>②心や身体や行動にあらわれる自分自身のストレスと，それぞれへの対処の仕方をワークシートに記入する。<br>（ワークシート：行＝心／身体／行動，列＝ストレス／対処）<br>③班でワークシートの中身を交流する。</td><td>●子どもたちに「好ましい対処」と「好ましくない対処」があることに気づかせる。<br>●ストレスは，心と身体と行動にあらわれることを理解させる。<br>●どんなときにストレスが生じるかも考えさせる。<br>●身体へのストレスは，あまり自覚されていない。</td></tr>
<tr><td>振り返り</td><td>①グループで気づきを交流する。<br>・自分自身がストレスの流れに気づいてどうだったのか。<br>・他の人のストレス対処を知ってどう感じたのか。<br>②振り返り用紙に記入する。</td><td>フィードバックの視点<br>・自分のストレスと対処に気づくことが大事である。<br>・ストレスは対処できるものである。<br>・問題解決や経験はストレッサーを軽くすることができる。</td></tr>
</table>

| | ストレス | 対処 |
|---|---|---|
| 心 | | |
| 身体 | | |
| 行動 | | |

〔参考文献〕 ストレスマネジメント教育実践研究会（PGS）編『ストレスマネジメント・テキスト』東山書房

### 子どもの気づき

・ストレスって人によって評価が違うし，ストレス反応は一人一人違うものなんだなと思った。
・バッターボックスに入るとき，僕は震えて悪い方に考えるけど，これからは「プラス」に考えよう。
・ストレスのことがいろいろわかった。対処にも種類があるって知ってよかった。
・「ストレスの流れ」ってこういうふうになってるんや！っていうことがわかった。

### 授業者より一言

今回の授業は，座学的な要素があったので，少しやりにくいところがありました。しかし，ストレスの流れを，子どもたちの気づきから拾いあげ，子どもたちの反応や，納得具合を確かめながら進めることができたので，よかったと思います。後半のワークシートの部分では，子どもたちの気づきが深まったようで，これまでの自分たちの好ましくない行動自体も，ストレス反応であるというところに気づいた子どももいました。振り返り用紙を見ると，前回のストレスゲームよりも，「楽しかった」という数値は減りましたが，「役に立つ」は増えています。

## 人間関係学科　　　　中学校２年生　１学期５月

（４） 発展的コミュニケーション

# On the Desk

**【本時のねらい】** コミュニケーションにおいては，言語情報だけでなく非言語的情報の占める割合は高い。その非言語的情報をキャッチするには「見る」というスキルが大切である。この授業では，「見るスキル」に焦点をあて，しっかり物を見る「観察力」のスキルアップを行う。

**【ターゲットスキル】** コミュニケーション力

**【エクササイズ＆準備物】**

アイスブレーキング：「まちがい探し」　まちがい探しの掲示用シート（１枚），生徒用シート（人数分）

メインエクササイズ：「On the Desk」　丸いお盆にいろいろなものを貼りつけたもの，つけ加える物（数点），解答シート（人数分）

**【授業のポイント】** この授業はクイズ的な要素が高いので，子どもたちのノリは非常によい。スキル学習は本来的に何かに役立つというはっきりとしたターゲットがある場合が多いが，この授業にはそういうターゲットはない。この後に続く発展的コミュニケーションの導入という側面があるので，「見る」ことに重点を置いたゲーム的要素の高い授業になっている。

**【流れ】**

| | 活動の流れ | 留意点・教具等 |
|---|---|---|
| ウォーミングアップ | 「まちがい探し」<br>①黒板に２枚の大きめの絵，同じもののシートが全員に配布される。<br>②指導者の合図で指示された数の間違いを探し，自分のシートの間違った箇所にチェックを入れる。<br>③正解を確認する。 | ●問題は，インターネット上にある「まちがい探し」のサイト等から入手できることもある。<br>●個性や見方によって，わかりやすいものとわかりにくいものが違ってくる。 |
| インストラクション | 「On the Desk」<br>①教卓の上にあるお盆に，何がのっているかを見る。<br>②見て覚える時間は30秒。<br>③その後，指導者の質問に答える。<br>④自分の席を教卓の近くまで持ってきてもいい。<br> | ●お盆には白い布をかぶせておく。<br>●「見る」「質問に答える」とだけ言う。気づきのスペースを確保するため。 |

| | 活動の流れ | 留意点・教具等 |
|---|---|---|
| エクササイズ | ①第１ゲーム<br>30秒見る。その後，再び白い布で隠される。<br>質問「何個あった？」「何があった？」「いちばん小さかった物は？」等々。<br>質問に答える。答え合わせをする。シートに記入する。<br>②第２ゲーム<br>お盆には２点ほど追加してものがのせられている。<br>30秒見る。その後，再び白い布で隠される。<br>「何個あった？」「何があった？」「いちばん小さかった物は？」等々（第１ゲームと同じ問題を）質問に答える。答え合わせをする。シートに記入する。<br>③見て，覚えるための工夫を発表する。<br>④第３ゲーム<br>第２ゲームの品物をほかのものに入れ換える。 | ●第１ゲームは種類の少ないほうを見せる。<br>●答えてもらいながら答え合わせをする。<br>●第２ゲームは，第１ゲームよりも正解が多くなってくる。<br>→慣れ<br>●工夫をシェアリングする。<br>●第１ゲームよりも正解が多くなる。→適応 |
| 振り返り | ①グループで気づきを交流する。<br>・「見る」ためにどんな工夫をしたのか。<br>・第１ゲームから第３ゲームにかけて，自分の中でどんな変化が起きたのか。<br>②振り返り用紙に記入する。 | フィードバックの視点<br>・間違い探しから On the Desk 第３ゲームまで，子どもたちの，見る様子や発見の様子がどう変化していったかを返していく。 |

〔参考文献〕 なし

### 子どもの気づき

・すごくよかった。全体も見るようになったし，色とかついているものなど細かいところも見るようになりました。
・１回目より２回目のほうがよくわかった。１回目はしっかり見られなかったけど，２回目は数とか色とか注意しながらしっかり見ることができた。
・結果はあんまり変わらなかったけど，覚えといたほうがいいものを覚えておいたら出た！
・２回目を見たとき，何も変わってないけど，なんとなく簡単に感じた。
・１回目のほうが簡単だと思うけど，２回目のほうが多く見つけられた。
・正解数は変わらなかったけど，覚えられた感じは増えた！

### 授業者より一言

ゲーム性の高いクイズのようなエクササイズだったので，子どもたちのノリはすごくよかったと思います。まちがい探しは，特に，人によって見るポイントが違うようで，むずかしい・易しいというより，どんな枠組みで見ているか，ということが大きかったようです。On the Desk は，回数をこなすにつれて，子どもたちの発見の度合いが高まってきて，努力すれば，少しずつレベルがアップするということを，体感できたようです。子どもたちの参加度といい，おもしろさといい優れた授業だと感じました。

## 人間関係学科　　　中学校２年生　１学期６月

（４）　発展的コミュニケーション

# 伝達ゲーム

**【本時のねらい】**　一方通行ではない，双方向のコミュニケーションや，非言語的表現が，話し手や聴き手の相互の理解をいかに促進しているかに気づく。

**【ターゲットスキル】**　コミュニケーション力

**【エクササイズ＆準備物】**

アイスブレーキング：「ポンポン頭」　準備物なし

メインエクササイズ：「伝達ゲーム」　白紙３枚（人数分），黒・赤・青のペン（人数分），ついたて（１台）

**【授業のポイント】**　質問することによる双方向のコミュニケーションや，話し手の顔や表情や身ぶり等の非言語的表現が，コミュニケーションの中では重要な部分を占めていることに気づく授業である。３段階にわたって体験することで，ふだん，あたりまえと感じられている「質問」「身ぶり」「ジェスチャー」などがいかに大切かということを学んでいく。

**【流れ】**

| | 活動の流れ | 留意点・教具等 |
|---|---|---|
| ウォーミングアップ | 「ポンポン頭」<br>　２回手を打って，頭・耳・肩のうち，指示された場所を両手で触っていく。第２ゲームからは，ずらした場所を触っていく。<br>①第１ゲーム：「頭」＝頭，「耳」＝耳，「肩」＝肩<br>②第２ゲーム：「頭」＝耳，「耳」＝肩，「肩」＝頭<br>③第３ゲーム：「頭」＝肩，「耳」＝頭，「肩」＝耳 | ●「ポンポン頭」というかけ声で，指導者・子ども共に触っていく。<br>●ずらした場所を予測することと，指導者をしっかり見るという力をつける。 |
| インストラクション | 「伝達ゲーム」<br>①全員の中から伝達者が１人選ばれる。<br>　それ以外は聴き手である。<br>②伝達者は教室の外に出て，全員に伝える絵（色の違った図形を組み合わせたもの）を見る。<br>③伝達者は全員にどのような絵なのかを伝える。<br>④伝達者の指示どおりに全員が絵を描く。 | ●第１ゲームから第３ゲームと続けていく。<br>●インストラクションの段階ではルールのみを伝える。<br>●伝達者を立候補または抽選などで選ぶ。 |
| エクササイズ | ①第１ゲーム<br>　・伝達者が伝える情報を聴いたとおりに描く。<br>　・質問をすることはできない（表情も身ぶりも見えない）。<br><br>②第２ゲーム<br>　・伝達者が伝える情報を聴いたとおりに描く。<br>　・質問をすることはできない（表情も身ぶりも見える）。 | ●伝達者と聴き手の間についたてを立てて，表情や身ぶりが見えないようにする。<br>●正解図を見せる。<br>●ついたてを外す。<br><br>●正解図を見せる。 |

| | 活動の流れ | 留意点・教具等 |
|---|---|---|
| エクササイズ | ③第３ゲーム<br>・伝達者が伝える情報を聴いたとおりに描く。<br>・質問をすることができる（表情も身ぶりも見えて，会話もできる）。<br>④３枚の作品を班で交流する。 | ●ついたては外したまま。<br>●正解図を見せる。<br>●黒板に３枚の正解図を貼る。 |
| 振り返り | ①グループで気づきを交流する。<br>・第１ゲームから第３ゲームにかけて，自分の中でどんな変化が起きたのか。<br>・伝達者，聴き手の双方の立場からの振り返りを交流する。<br>②振り返り用紙に記入する。 | フィードバックの視点<br>・第１ゲームから第３ゲームにいたるまでの，伝達者，聴き手の双方の様子や感想から非言語的表現の重要さを拾い上げていく。 |

〔参考文献〕 坂野公信監修『学校グループワーク・トレーニング』遊戯社「人間コピー」p57-59

子どもの気づき

・第１ゲームでは自分ではけっこう伝えられたと思ったけど，ぜんぜん伝わってなくてびっくりした。
・第３ゲームでは，手振りとか出てきて，やっぱり必死になるし伝えようとするんやと思った。
・相手の顔を見るだけで，気持ちとかって伝わるんやな～って思った。
・質問なしの第１ゲームでは何が言いたいのかぜんぜんわからなかったけど，第３ゲームではわかったから，やっぱり相手の顔が見えるといちばんよく，聴こうとできた。
・相手の気持ちとか言いたいことがわかった気がしていたけど，まったく書けてなくて，悔しい気持ちになったし，第１ゲームではわからなくていらいらしたりもした。

授業者より一言

コミュニケーションの本質である「あり様（よう）」というものに，表情，身ぶりなどの非言語的表現が大きな位置を占めているということに気づくことができる授業だと感じました。信号として表されている言語表現だけでは，正確なものがなかなか伝わらないし，共有できる部分もかなり違ってくるんだということがよくわかりました。子どもを理解する観点でも，このようなコミュニケーションの本質的なことが重要であることに対して，教師としての立場からも勉強になる授業だったと思います。

（4）発展的コミュニケーション

# あいうえおロールプレイング

**【本時のねらい】** コミュニケーションにおいては，言語表現以上に表情や身ぶりなどの非言語的表現が果たす役割が大きいことを「あいうえお」のみで表現するロールプレイングを見ることで気づく。

**【ターゲットスキル】** コミュニケーション力

**【エクササイズ＆準備物】**

アイスブレーキング：「そうやねゲーム」 準備物なし

メインエクササイズ：「あいうえおロールプレイング」 生徒用制服，机，掃除用具等

**【授業のポイント】** １年生で学習したアサーションへの理解を深める授業である。この授業においては，攻撃的表現，受身的表現，アサーティブな表現という三つの立場を教員が演じることにより，アサーティブな表現の「あり様（よう）」というものを子どもに想像させ，子ども自身が自分の「あり様」というものを振り返ることができる授業である。学年全体で取り組む。進行役も含めて教員５人が必要。

**【流れ】**

| | 活動の流れ | 留意点・教具等 |
|---|---|---|
| ウォーミングアップ | **「そうやねゲーム」**<br>指導者が発する呼びかけ，語りかけに対して，すべて「そうやね」という言葉で返していく（指導者「１＋１は２やね」子ども「そうやね」）。ただし，指導者がどういう語りかけをしても，子どもは「そうやね」とうなずきながら返していく。 | ●テンポのよい語りかけ，リズムに乗せることが大切である。<br>●どんな語りかけに対しても，「そうやね」と心に落とし込むことが大切である。 |
| インストラクション | **「あいうえおロールプレイング」**<br>①生徒Ａと生徒Ｂ，Ｃ，Ｄとの２つのパターンの会話である。<br>②生徒Ａは，ふつうの言葉を使う。<br>③生徒Ｂ，Ｃ，ＤはＡに対して，すべて「あいうえお」をつなげた言葉で答える。<br>④Ｂ，Ｃ，Ｄの表情，態度，身ぶりに注目して観察をする。 | ●生徒Ｂは攻撃的な表現，生徒Ｃは受身的な表現，生徒Ｄはアサーティブな表現を行う（生徒には説明しない）。 |
| エクササイズ | パターン①を見る<br>Ａ「△△ちゃん。数学の宿題やってきた？ 私，忘れてん。プリント貸してや。すぐに写すから，ええやろ。俺ら友達やし。な，な，な」<br>Ｂ　攻撃的な言い方で「あ！い！う！え！お！」<br>Ｃ　受身的な言い方で「あいうえお……」<br>Ｄ　アサーティブな言い方で「あいうえお。あい，うえお」 | ●指導者は３つの立場の表現を，強調して演じる。<br>●進行役の指導者は，どんなせりふがあてはまるのかを子どもに考えさせる。 |

| | 活動の流れ | 留意点・教具等 |
|---|---|---|
| エクササイズ | パターン②を見る<br>A 「□□ちゃん。昨日借りたコミックなんやけど，妹がジュースこぼして，びちょびちょになってしもてん。本がぶよぶよになってしもたんやんか」<br>B 攻撃的な言い方で「あ！い！う！え！お！」<br>C 受身的な言い方で「あいうえお……」<br>D アサーティブな言い方で「あいうえお。あい，うえお」 | ●攻撃的な表現は，Aの話を聴こうともせずに，Aに噛みついてケンカになる。<br>●受身的な表現は，Aに押し込まれ，言いなりになってしまい，うなだれる。<br>●アサーティブな表現は，Aの言葉をしっかり聴き，自信をもって発言する。Aを納得させる。<br>●子ども何人かから感想を拾う。 |
| 振り返り | ①グループで気づきを交流する。<br>・３つのあり様の表現を見て，どう感じたのか。<br>・自分自身にどうあてはまるのかという観点から考えてみる。<br>②振り返り用紙に記入する。 | フィードバックの視点<br>・非言語的表現が，コミュニケーションに占める位置がどれくらいあるのか，ということを子どもの気づきを交えて返していく。 |

〔参考文献〕 教育技術MOOK『人間関係を豊かにする授業実践プラン50』小学館「アイウエオ語で自分の気持ちを表現しよう」p66–67

**子どもの気づき**

・謝る言葉を使っていても，態度に出ているから受け取り方もぜんぜん違ってくるなと思った。
・表情や態度で伝わり方がぜんぜん違うと思った。
・C先生の言い方はもっと自分の意見を言ったらいい……と見ていたらわかるな～。
・楽しかった！同じ言葉でも身ぶりとか表情でぜんぜん違った。

**授業者より一言**

ロールプレイングなので，子どもたちは初めから前のめりで観てくれていました。自分自身ロールプレイングの経験はあまりないのですが，役になりきって演じるということは，非常に勉強になります。ふだんの子どもとの会話や，教員との会話の中でもアサーティブな表現をめざしていきたいのですが，なかなかむずかしいです。まず，教員がアサーションを使うべきですね。

「そうやねゲーム」は，なかなか奥が深いです。子ども全員をホールド（子どもたちを心身から把握している状態）しなければならないので，自分の力量が問われるウォーミングアップですね。

（５）メディエーション

# 松原第七団地を救え！

【本時のねらい】 利害関係が対立する人同士が，それぞれの主張を展開し，それを調整していく力を育成する。人々が共に暮らしている団地で，ペットを飼っていいのか。また，飼っていいとすればどんなルールが必要なのか。ロールプレイング的な話し合いを通じて，調整する力を育てる。

【ターゲットスキル】 共感性，決断と問題解決

【エクササイズ＆準備物】

アイスブレーキング：「住民紹介」 住人５人の顔写真（大きなもの）

メインエクササイズ：「松原第七団地を救え！」 住民会議用ワークシート（101頁）

【授業のポイント】 班での話し合いが中心になるが，授業は６人班用で考えられているので，班の人数に合わせて役割の数を調整しなければならない。A～E までの住民は，教員が住んでいるということにして，教員の顔写真で住民紹介をしていく。この話し合いでは，まず，それぞれが自分の主張をして，調整が必要であることを全員が認識することが大事である。主張の段階では，それぞれのエゴを出してもいいという指示が必要である。

【流れ】

| | 活動の流れ | 留意点・教具等 |
|---|---|---|
| ウォーミングアップ | 「住民紹介」<br>住民の顔写真を紹介しながら，それぞれの立場が説明される。<br>Ａさん－犬を飼っているが糞の後始末をしない。<br>Ｂさん－動物が嫌い。<br>Ｃさん－部屋で猫を飼っている。<br>Ｄさん－人に吠えるブルドッグを飼っている。<br>Ｅさん－小さい子どもがいる。<br>Ｆさん（管理人）－ペットをめぐるトラブルに悩んでいる。 | ●子どもたちに親しみを込めて学年団の教員の顔写真を用意し，それぞれの個性に合わせてＡ～Ｅのキャスティングを行う。<br>●指導者はＦの管理人に扮し，「もう，がまんできないよ」と松原第七団地のオーナーに訴える。 |
| インストラクション | 「松原第七団地を救え！」<br>指令書<br>私は，この松原第七団地のオーナーの○○です。最近，ペットをめぐるトラブルが多発しています。もめごとの多い団地なんて，うわさが広まれば，不動産価値が下がってしまいます。そこで，皆さん，納得のいく話し合いをして，ぜひとも，仲良く暮らすことのできる住みよい松原第七団地にしてください。心からのお願いです。<br>班のメンバーがそれぞれの役割になりきって話し合う。 | ●管理人が団地のオーナーから指令を受け，ペットを飼うことに対するルールづくりを行うという設定で始める。<br>●指導者は，それぞれの班に話し合いを委託し，最も望ましい結論をクラスの結論とする。 |

| | 活動の流れ | 留意点・教具等 |
|---|---|---|
| エクササイズ | ①班の中でA～Fの役割分担を行う。<br>②管理人役のFが進行役となり，話し合いを進めていく。<br>住民会議・司会シートに沿って行う。<br>③それぞれの立場で自分の主張を行う。<br>住人図をよく見ながら,自分のエゴを出しながら主張する。<br>④それぞれの主張を調整していく。<br>⑤班で結論を出す。<br>⑥全体で発表をし，最も好ましい案を選ぶ。 | ●役割分担がスムーズにいくように支援する。<br>●初めから調整する必要はないことを強調する。<br>●もし，「ペットを飼えない」という結論が出ると，Aさん，Cさん，Dさんはペットを手放すか，団地を出ていくか，ルールを無視する人になってしまう。 |
| 振り返り | ①グループで気づきを交流する。<br>・調整で困ったことや，話が進展した契機を出し合う。<br>・ほかの班の結論から感じたことを交流する。<br>②振り返り用紙に記入する。 | フィードバックの視点<br>・主張しなければいけなかった点と調整することができた点とを，しっかりと振り返り，調整できたことの意味を返していく。 |

〔参考文献〕 法教育推進協議会『はじめての法教育　Q&A』ぎょうせい「マンションのルールをつくろう」

子どもの気づき

・いろいろな意見があって，みんなの意見を聞いていると「すごい考えられてる！」と思うような意見もあった。
・みんないろいろ意見があるから，みんなが納得するルールを決めるのはむずかしいなと思った。
・思ったよりけっこう考えさせられた。みんなのことを考えてルールを作るのはむずかしいと思った。
・どちらの人も認めるルールをつくるのはすごくむずかしいと思った。

授業者より一言

ペットを飼うことの是非とルールづくりという比較的身近なテーマだったので，子どもの参加はよかったと思います。先生を住民に見立てたキャラクターづくりが非常に効果的で，子どもたちもロールプレイングにも入りやすかったようです。初めの主張からは，果たして，うまく結論が出るのかが心配するくらい，指示どおりのエゴが出ていました。しかし，子どもたちも慣れたもので，最終的にケンカ別れにはできないという大前提で，それらの主張を調整していたように思います。現実のクラスの課題についても，このように取り組んでほしいものです。

（５）メディエーション

# もめごとだって解決できるさ

**【本時のねらい】** 相手の非言語的表現をしっかりと読み取り，アサーティブなあり様をめざすことによって，もめごとを解決していく力をつける。

**【ターゲットスキル】** 共感性，決断と問題解決

**【エクササイズ＆準備物】**

アイスブレーキング：「一致団結ソーレ！」 準備物なし

メインエクササイズ：「もめごとだって解決できるさ」 登場人物写真付きかぶりもの（５人分），事情を書いたフリップ，メモ用紙（人数分）

**【授業のポイント】** 仲の良い友達同士で，いっしょに遊びに行く計画を立てようとするのだが，ケンカ真っ最中の２人がいたり，それぞれが自分の事情を言い出したために，計画が実現しそうにない。週末の土曜日か日曜日に何とか全員で遊びに行けるように，もめごとを解決して，都合をつけ合うためにはどうしたらいいのかを，自分たちで話し合うという設定の授業である。教員も驚くような意外な解決策が出てくるかも……。

**【流れ】**

| | 活動の流れ | 留意点・教具等 |
|---|---|---|
| ウォーミングアップ | **「一致団結ソーレ！」**<br>指導者の「一致団結ソーレ！」というかけ声を合図に，全員が「ソーレ」と声を出して「パン！」手拍子１回，「ソーレ」２回と増やしていき，５回まで続ける。気持ちを合わせて手拍子がそろって教室に響き渡るのが心地よい。 | ●大きな声で，明るく，リズミカルにリードしていく。<br>●１回から５回まで成功したら，５回から１回まで戻っていく。 |
| インストラクション | **「もめごとだって解決できるさ」**<br>①４人で次の土・日に遊園地に遊びに行く計画を立てている。どうしたら５人全員で遊園地に行けるか話し合う。<br>②５人のメンバー紹介と事情の紹介がなされる。<br>Ａさん「僕は，今度の土曜日はクラブの試合。それに勝つと，次の休みも試合なんだ」<br>Ｂさん「私は，日曜の午前中は習いごとがあるから，いつもでかけてるの」<br>Ｃさん「僕は，特に用事がないけど，勉強しなくちゃ。親もうるさいしね。４人だったら行くよ，Ｅとは行きたくないな。今，ケンカしてるしね」<br>Ｄさん「行くんだったら，Ｅも連れて行こうよ」<br>Ｅさん「私も行きたいな」 | ●写真付きのかぶりものを用意し，それをかぶりながら紹介していく。<br>●キャラクターは教員であれば親しみがわいてくる。<br>●せりふをフリップにしてかぶりものの写真とともに黒板に貼る。<br>●５人全員が遊びに行くために，アサーティブなあり様で解決することが大前提である。 |

| | 活動の流れ | 留意点・教具等 |
|---|---|---|
| エクササイズ | ①課題1　Cさんと E さんをどう仲直りさせるか。<br>課題2　5人の事情をどう調整していくか，を考える。<br>②メモ用紙に5人の会話を考えて書いていく。<br>③班としての結論を出す。<br>④班ごとに全体で発表する。 | ●まず，個人で考えさせ，次に班としての考えをまとめるように支援する。<br>●5人で遊びに行く，アサーティブなあり様で解決するという大前提をくずさないようにもっていく。 |
| 振り返り | ①グループで気づきを交流する。<br>・班のそれぞれの結論に，どうアサーティブなあり様が表れていたか。<br>・自分の考えと，ほかのメンバーの考えの違いからの気づきはどんなことだったか。<br>②振り返り用紙に記入する。 | フィードバックの視点<br>・各班での話し合いのプロセスから拾いあげる。アサーティブな表現を考えている子どもたちの姿から，どのようにアサーティブな表現に落ち着いていったのかを返す。 |

子どもの気づき

・ほんとうにありそうなことで，もしかしたらもうすでに経験していることかもと思う。「ああしたらよかったかな」とか思ったことをみんな思ったん違うかな～。だからこの発表をみんな真剣に考えられるんやと思う。
・アサーションを使うところがむずかしかった。ケンカをしたときとかどうしたらいいかすごい考えた。
・それぞれ発表の中身が違ったから，いろいろな意見があるとわかった。
・みんなの都合を合わせるのがむずかしかった。
・アサーションはむずかしいけど，「普段の生活の中で使えるようになりたい！」って思った。

授業者より一言

ケンカしてるとか，いっしょに遊びに行くということは，子どもたちのふだんの生活によくある話なので，身近な課題だったと思います。普通なら，ケンカをしていたら，「あの子をはずそう」とか，都合がつかなければ，「都合がつくメンバーで行こう」ということになると思うのですが，そこをアサーションを使って，ねばり強く解決していこうという考えをこの授業を通じて子どもたちは学んだのではないかと思います。日常生活に生かすことは，なかなかむずかしいことだとは思いますが，徐々に身につけていってほしい大切な観点だと感じました。

（6）　自己管理力

# それって侵害！

**【本時のねらい】** 自分がもっている相手との間の境界設定を自覚し，仮にその境界を侵害されたときにアサーティブに返すことができるかという力を身につける。それと同時に，自分が侵している相手の境界に気づく。

**【ターゲットスキル】** 共感性，自己管理力，境界設定

**【エクササイズ＆準備物】**

アイスブレーキング：「境界アンケート」　境界アンケート用紙（102頁）

メインエクササイズ：「それって侵害！」　メモ用紙（全員分）

**【授業のポイント】** 境界を侵害されているという場面設定をし，それに対してどのようにアサーティブに返していけるかというロールプレイングを通じて，自分の境界を守る力をつけるという授業である。アンケートでは，点数が多ければ境界への侵害度が高いということになり，ロールプレイングを観て，相手の気持ちを推し量る必要性に気づく授業でもある。教員2名で行う。

**【流れ】**

| | 活動の流れ | 留意点・教具等 |
|---|---|---|
| ウォーミングアップ | 「境界アンケート」<br>他人への侵害度をはかるアンケートである。<br>自分自身の侵害度を知る。 | ●侵害度と被侵害度は裏表になっている。力による関係性により，侵害となるか被侵害となるかが分かれてくる。 |
| インストラクション | 「それって侵害！」<br>①教員のロールプレイングを観る。<br>［1　甘えられ依存されていない？］<br>いつも相談をしてくるA。私だけが頼りだというAのためにいつも無理して相談に乗っているが，相手にばかり頼られてしんどくなってきた……。<br>［2　相手の気分に巻き込まれていない？］<br>学校に来ると，Bは何かイライラしている様子。どうしようかとオロオロし，一生懸命に理由を探したり，機嫌をとったりする。Bの機嫌は直ったが，へとへとに……。<br>［3　生き方への干渉にNOと言えている？］<br>Cの母は，かなりの干渉型。いつもCのやることなすこと口を出してくる。干渉するのはやめてほしいのだが……。<br>②ロールプレイングを観て，アサーティブなあり様で返す台本を考える。 | ●侵害する側，侵害される側のあり様（よう）がよく伝わるように演技する。<br>●侵害する度合い，侵害される度合いが明確になるように演技する。<br><br>●アサーティブなあり様の返し方<br>①繰り返す。<br>②共感する。<br>③主張する。<br>④代案を出す。 |

| | 活動の流れ | 留意点・教具等 |
|---|---|---|
| エクササイズ | ①1，2，3のうち一つの場面を選び，アサーティブなあり様での返し方の台本を考える。<br>②班で交流をし，それぞれの返し方にフィードバックを返す。<br>③班で代表作を一つ選び，ロールプレイングの台本をつくる。<br>④班ごとに全体で発表する。 | ●アサーティブなあり様で返しているのかを観察する。<br>●子どもの気づきが深まるように，必要に応じて支援を行う。 |
| 振り返り | ①グループで気づきを交流する。<br>・個人としてアサーティブなあり様で考えることができているか。<br>・班での話し合いを通じて，アサーティブなあり様が深まってきたか。<br>②振り返り用紙に記入する。 | フィードバックの視点<br>・日常の子どもたちのあり様と，あえてアサーティブなあり様であろうとしながら台本を考えていた様子とを結びつけて返していきたい。 |

### 子どもの気づき

・いろいろな環境を知りながら関係を深めたい。
・楽しかった！今の自分の生活にめっちゃ関係あるって思った。
・みんないろんな考え方があった。意見もおもしろかった。
・先生たちのロールプレイ上手かった！班でみんな工夫していておもしろかった。境界って大切なものなんやな〜って思った。
・自分の生活にめっちゃ関係あるなって思った。あんまり頼り過ぎてたら相手が嫌な思いをするから気をつけようと思った。
・今までイライラをぶつけてたけどそれで辛い気持ちになる人もいるって知った。

### 授業者より一言

キーワードは「依存的なあり様から主体的なあり様へどう成長していくのか」ということだなと感じました。侵害度と被侵害度が裏表というのも依存的なあり様というくくりではよく理解できます。多分，子どもたちもきっとそういうことに気づいたのではないでしょうか。自分自身が他人を侵害しても平気なのは，実は，自分の生活の中で侵害された経験があるので，それをコピーしてしまっているのでしょう。これは，大人にも言えることで，いつまでたっても，何歳であっても成長し続けるということは大事なのですね。

（６）　自己管理力

# 自分の成長時間

**【本時のねらい】** 時間管理とは，単にスケジュール帳に予定を書くという単純なものではなく，自分の目標設定から導き出されるべきものであることに気づく。

**【ターゲットスキル】** 自己管理力，時間管理

**【エクササイズ＆準備物】**

アイスブレーキング：なし

メインエクササイズ：「どうすればいいの？」 サラリーマンの衣装，電話，子どもへの指令書（103頁），メモ用紙（人数分）

**【授業のポイント】** この授業は，まず，自分自身が目標（短期的・中期的・長期的）をもっているかどうかが問われる。自分自身の行動が４つのマトリクスの中の，どの部分に入っているのかという自分のあり様（よう）に気づくことになる。その結果，目標をしっかりともち，自分の時間をどのように使っていけばいいのかということに気づいていく。できれば教員２人で取り組みたい。

**【流れ】**

<table>
<tr><th></th><th>活動の流れ</th><th>留意点・教具等</th></tr>
<tr><td>インストラクション</td><td>「どうすればいいの？」サラリーマンＡさんバージョン<br><br>Ａさんは入社５年目のサラリーマン。Ａさんにいろいろな用事がふりかかってくる。Ａさんは30歳。部署は営業部である。将来は海外勤務を希望しており，今日も夜は妻と一緒に１年間続けている英会話教室に行く予定がある。今日の５時までに提出の書類があるが，昨日はDVDを見過ぎてまだできていない（１週間前に言われていた)。今日はもうすぐ契約の取れそうなお得意さんの所に行きたいと思っている。そんなとき，先輩から仕事の依頼が入る。後輩からは仕事終わりに，ご飯に連れて行ってといわれOKと回答。<br>と，そこへ，電話が入ってきた。保険のセールスの電話である。担当の女性とだらだら長電話してしまった。５時までの書類もあるし，お得意さんのところにも行かないといけないし，妻との約束もあるし，先輩からの誘いもあるし……どうしたらいいんだ～!?</td><td>●モデリングがインストラクションを兼ねる。<br>●指導者１人がＡさん役になって演じる。<br>●Ａさんの行動をもとにして，Ａさんの台本を準備しておく。<br>●４つのマトリクス<br><table><tr><td></td><td>緊急</td><td>緊急でない</td></tr><tr><td>重要</td><td>1</td><td>2</td></tr><tr><td>重要でない</td><td>3</td><td>4</td></tr></table>フリップで説明する。<br>スティーブン・R・コビー<br>『７つの習慣』キングベアー出版</td></tr>
</table>

| | 活動の流れ | 留意点・教具等 |
|---|---|---|
| インストラクション | ①ロールプレイングを観て，４つの条件によるマトリクスに設定する。<br>１　緊急性があって，重要なもの<br>２　緊急ではないけれど，重要なもの<br>３　緊急だけど，重要ではないもの<br>４　緊急ではなく，重要でもないもの<br>②Ａさんのすべての行動を４つの領域に分類する。 | ●全員に聴きながら，４つの領域に行動を分類する。 |
| エクササイズ | ①生徒バージョンに出演する５名が選ばれる。<br>②生徒５人と指導者によるロールプレイングを観る。<br>③生徒Ａさんの行動をメモにとる。<br>④Ａさんの行動を４つのマトリクスに分類する。<br>⑤分類した行動を全体で共有する。<br>⑥この１週間の自分の行動を４つのマトリクスに分類する。 | ●選出した５人と教室の外へ出て打ち合わせをする。<br>●社会の先生は指導者が演じる。<br>●分類の支援をする。<br>●同じ行動でも自分の位置づけによって，分類が異なる。 |
| 振り返り | ①グループで気づきを交流する。<br>・自分自身の行動を４つのマトリクスに分類してどう感じたのか。<br>・仲間と交流してどう感じたのか。<br><br>②振り返り用紙に記入する。 | フィードバックの視点<br>・自分自身の行動パターンがどのような分類になっているかを知ることが重要だが，それを知って自分自身の自己管理をどうしていったらいいのかを指導者の体験も踏まえながら返していく。 |

〔参考文献〕　スティーブン・Ｒ・コビー『７つの習慣』キングベアー出版

子どもの気づき

・みんないろいろな意見が出て個性とかがあっておもしろかった。
・自分はあんまり計画性がないな～って思った。計画を立てたい。
・いろいろ考えることがあった。どんなことが自分で多いとかがわかったし，自分は緊急で重要なことと緊急ではないが重要なことが多くてうれしかった。
・今まで知らなかったことを実際にやってみたりすることでわかった。
・緊急でもなく重要でもないことが多くて人生損してるなと思った。
・別にやらなくてもいいこと（緊急でもなく重要でもないこと）ばかりしていてびっくりした。
・人間関係学科おもしろかった。緊急でないが重要なことを増やしたい！

授業者より一言

この授業は，子どもレベルの問題だけではなく，教員自身の問題として，学年教員の間で大いに盛り上がってしまいました。今の自分の仕事が，第１領域（緊急で，重要な）に偏ってしまっていることを知って，ほんとに愕然となってしまったほどです。１日のスパンで考えると，なかなか解決のつかない問題ですが，例えば，１週間スパンで考えると，けっこう，自分自身を成長させる第２領域（緊急でなく，重要な）のための時間をつくれるような気がします。

## ワークシート編　中学校「パニックゲーム」（82頁）

| | | | | | | | | | | |
|---|---|---|---|---|---|---|---|---|---|---|
| 鯖 | 鯖 | 鯖 | 鯖 | 鯖 | 鯖 | 鯖 | 鯖 | 請 | 鯖 | 鯖 |
| 鯖 | 鯖 | 請 | 鯖 | 鯖 | 鯖 | 鯖 | 鯖 | 鯖 | 鯖 | 鯖 |
| 鯖 | 鯖 | 鯖 | 鯖 | 鯖 | 鯖 | 鯖 | 鯖 | 鯖 | 請 | 鯖 |
| 鯖 | 鯖 | 鯖 | 鯖 | 鯖 | 鯖 | 請 | 鯖 | 鯖 | 鯖 | 鯖 |
| 鯖 | 鯖 | 鯖 | 鯖 | 鯖 | 鯖 | 鯖 | 鯖 | 鯖 | 鯖 | 鯖 |
| 鯖 | 鯖 | 鯖 | 鯖 | 鯖 | 鯖 | 鯖 | 鯖 | 鯖 | 鯖 | 鯖 |
| 請 | 鯖 | 鯖 | 鯖 | 鯖 | 鯖 | 鯖 | 鯖 | 鯖 | 鯖 | 鯖 |
| 鯖 | 鯖 | 鯖 | 鯖 | 鯖 | 鯖 | 鯖 | 鯖 | 鯖 | 鯖 | 請 |
| 鯖 | 請 | 鯖 | 請 | 鯖 | 鯖 | 鯖 | 鯖 | 鯖 | 鯖 | 鯖 |
| 鯖 | 鯖 | 鯖 | 鯖 | 鯖 | 鯖 | 鯖 | 鯖 | 鯖 | 鯖 | 鯖 |
| 鯖 | 鯖 | 鯖 | 鯖 | 鯖 | 鯖 | 鯖 | 鯖 | 鯖 | 鯖 | 鯖 |
| 請 | 鯖 | 鯖 | 鯖 | 鯖 | 鯖 | 鯖 | 請 | 鯖 | 鯖 | 鯖 |

本番用

| | | | | | | | | | | |
|---|---|---|---|---|---|---|---|---|---|---|
| 鯖 | 鯖 | 鯖 | 鯖 | 鯖 | 鯖 | 鯖 | 鯖 | 鯖 | 鯖 | 鯖 |
| 鯖 | 鯖 | 鯖 | 鯖 | 鯖 | 鯖 | 鯖 | 鯖 | 鯖 | 請 | 鯖 |
| 鯖 | 鯖 | 鯖 | 鯖 | 鯖 | 鯖 | 請 | 鯖 | 鯖 | 請 | 鯖 |
| 請 | 鯖 | 請 | 鯖 | 鯖 | 鯖 | 鯖 | 鯖 | 鯖 | 鯖 | 鯖 |
| 鯖 | 鯖 | 鯖 | 鯖 | 鯖 | 鯖 | 鯖 | 鯖 | 鯖 | 鯖 | 鯖 |
| 鯖 | 鯖 | 鯖 | 鯖 | 鯖 | 鯖 | 鯖 | 鯖 | 鯖 | 鯖 | 鯖 |
| 鯖 | 鯖 | 鯖 | 鯖 | 鯖 | 鯖 | 鯖 | 鯖 | 鯖 | 鯖 | 鯖 |
| 鯖 | 鯖 | 鯖 | 鯖 | 鯖 | 鯖 | 鯖 | 鯖 | 鯖 | 鯖 | 鯖 |
| 鯖 | 請 | 鯖 | 請 | 鯖 | 鯖 | 鯖 | 鯖 | 請 | 鯖 | 鯖 |
| 鯖 | 請 | 鯖 | 鯖 | 鯖 | 鯖 | 鯖 | 請 | 鯖 | 鯖 | 鯖 |
| 鯖 | 鯖 | 鯖 | 鯖 | 鯖 | 鯖 | 鯖 | 鯖 | 鯖 | 鯖 | 鯖 |
| 鯖 | 鯖 | 鯖 | 鯖 | 鯖 | 鯖 | 鯖 | 鯖 | 鯖 | 鯖 | 鯖 |

## ワークシート編　中学校「松原第七団地を救え！」（92頁）

松原第七団地住人図

| | | | |
|---|---|---|---|
| ４F | 住人 | Aさん　犬を飼っている<br>糞の始末をしない | 住人 |
| ３F | 住人 | Bさん<br>動物が嫌い | Cさん<br>部屋で猫を飼っている |
| ２F | Dさん　人に吠えるブルドッグを飼っている | Eさん<br>小さい子どもがいる | 住人 |
| １F | 住人 | 住人 | Fさん（管理人） |

**松原第七団地を救え！　　住民会議：司会進行シート　　（管理人さん用）**

１．本日の司会を務めます，管理人のFです。
２．では，次の順番でそれぞれの主張を発表してください。
　　①犬を飼っていて糞の始末をしない　Aさん
　　②動物が嫌いな　Bさん
　　③部屋で猫を飼っている　Cさん
　　④人に吠えるブルドッグを飼っている　Dさん
　　⑤小さい子どものいる　Eさん
３．では，それぞれの役割の「望ましい」解決策を発表してもらいます。
その際，次の２点をはっきり発表してください。
　　①解決策をしっかり発表する。
　　②その理由を必ず答えてください。
４．それでは，Aさん，Bさん，Cさん，Dさん，Eさん，それぞれ，質問はありませんか。（なかったら，Aさんから順に当てていく）。
５．では，最後に松原第七団地ではペットを飼ってよいのかよくないのかを決定します。もし飼ってよいということになれば「ペットを飼うためのルール」をつくります。自由に意見を述べていってください。結論は全員が納得するものでなければなりません。
６．それでは，この論議をまとめて，松原第七団地では

| |
|---|
| |

ということになります。

## ワークシート編　中学校　『境界に入ってないかな？　アンケート』(96頁)

3年（　　）組（　　）番（　　　　　　　　）

「境界」について学んできました。さぁ！今までみんなは境界に入られていたり，入っていたりしたことに気がついたかな？　自分の「境界」を振り返ってみよう！

| | 項　　目 | やったことが… | |
|---|---|---|---|
| 1 | 相手の持ち物を自分の物のように扱ったことがある。例えば，ノートを勝手に見る，断りなくカバンの中身を見るなど | あ　る | な　い |
| 2 | 相手の時間を占領したことがある。例えば，都合を聞かずに電話で長々と話す，自分の用事ばかりにつきあわせるなど | あ　る | な　い |
| 3 | 相手がやるべきことまで，あれこれ世話をやいたことがある。例えば，「私が代わりにやっておいてあげるから」と，先走ってどんどん決めてしまうなど | あ　る | な　い |
| 4 | 知りたがりになったことがある。例えば，昨日，誰とどこへ出かけたか，テストの成績はどうだったかなど，友達ならすべて報告するのが当然と考えているなど | あ　る | な　い |
| 5 | なんでも期待どおりにしてほしいと思ったことがある。例えば，自分と会わずに別の友達と出かけたことを責めるなど | あ　る | な　い |
| 6 | 好みを押しつけたことがある。例えば，自分が夢中になっているものに，相手が興味を示さないと，不満を感じたりバカにするなど | あ　る | な　い |
| 7 | 考え方を押しつけたことがある。例えば，「そんなふうに感じるなんて絶対ヘンだよ」「どうせあなたにはムリ」と決めつけるなど | あ　る | な　い |

ある＝1ポイント　　　　ない＝0ポイント

## ワークシート編　中学校　『自分の成長時間』(98頁)

生徒 A さんの場合

中学生の A さんにさまざまな用事がふりかかる。A さんは中学 3 年生。11月を迎え，来週から期末テストが始まる。A さんはゲームが好きで昨日もだらだらとゲームをしてしまっていた。そのため今日の宿題の国語の漢字帳と数学のプリントのうち，漢字ができていない。家庭学習ノートはいつもどおりばっちりしてある。でも国語は 5 時間目なので，昼休み時間に終わらせようと思っている。今日は塾もないので，家で高校で野球部に入り活躍するための練習をしようと心に決めている。学校に行くと，友達の B と C が今日の夕方，一緒に勉強しようと誘ってきた。「わかった！」と回答。朝の HR で担任の先生が急な時間割変更を伝えてきた。5 時間目の国語が 4 時間目になったのだ。「大変や～」と思っていたときに，社会の先生がやってきて，社会のやりなおしプリントがでていないと注意され，昼休みに必ず持っていくと約束をする。放課後，高校で野球をがんばりたいと思っていた A に D が野球の練習に誘ってきた。行きたいので OK を出す。

指令書の内容

指令です！よろしく!!
ナレーションに続いて出てきてセリフを言ったら席に戻ってね！

役名：友達 B　出番順：1 番（A と一緒に）

「あっ！ 名前 おはよう！」

指令です！よろしく!!
ナレーションに続いて出てきて，
みんなの方を向いて先生っぽくね！セリフを言ったらドアから一回出て席へ

役名：担任　出番順：2 番
「みんなごめん！　時間割変更です！
5 時間目の国語が 4 時間目になりました！
よろしくね！」

指令です！よろしく!!
ナレーションに続いて出てきてセリフを言ったら席に戻ってね！

役名：友達 C　出番順：1 番（B と一緒に）

「なぁなぁ！テストも近いし今日の放課後，一緒に勉強せえへん？」

指令です！よろしく!!
ナレーションに続いて出てきてセリフを言ったら席に戻ってね！

役名：友達 D　出番順：3 番

「名前！　高校行ったら野球部入ってがんばりたいって言ってたやろ？
今日さ，先輩が来てくれて一緒に練習するんやけど一緒にしよう？」

# ハートキャッチボール

## （1）本パッケージのねらい

２年生になった当初，もとのクラスの友達とばかりかたまっている様子が見られた。しかし，毎日の朝遊びなどを通して，いろいろな友達と遊べる子が増えてきた。アンケートからも，「休み時間は友達と楽しくすごしている」などの項目は高い割合を保っており，人間関係が広がってきたことをうかがわせる。その一方で，「嫌なことをされる」の項目は，20％も増えており，人間関係が広まることにより，実際の生活の場面でトラブルの増加がうかがえる。

この原因の一つは，自分の気持ちがうまく出せないことにあるのではないかと感じている。見ていると，気持ちの出し方が適切でなかったり，相手に不快な気持ちを与える出し方になっていることが多いように思われる。このパッケージでは，自分の気持ちを素直に伝えること，それに対してきちんと受け止めることの大切さが実感できるワークを，実際の場面に即して取り入れ，よりよい人間関係を築く手立てを身につけてほしいと思う。

## （2）パッケージ全体を通しての目標（ターゲットスキルとねらい）

| | |
|---|---|
| 対人関係 | 自分の気持ちを，素直に，言葉で伝えることができる。 |
| コミュニケーション力 | 相手の気持ちを受け止め，相手を傷つけないように，言葉で返すことができる。 |

## （3）パッケージ全体の流れ

| | アイスブレーキング | メインエクササイズ |
|---|---|---|
| 第１時：気持ちいろいろ | えがおできょうも | 気持ちいろいろ |
| 第２時：「腹が立つ」をつたえよう | えがおできょうも | 「腹が立つ」をつたえよう |
| 第３時：「さみしい」をつたえよう | えがおできょうも | 「さみしい」をつたえよう |
| 第４時：気持ちをキャッチ① | えがおできょうも | 「腹が立つ」気持ちに言葉で返そう |
| 第５時：気持ちをキャッチ②　本時 | えがおできょうも | 「うれしい」気持ちに言葉で返そう |

## （4）実施時期

第２年２学期

## （5）具体的展開例（第５時　気持ちをキャッチ②）

【本時のターゲットスキル】　コミュニケーション力，対人関係

【本時のねらい】　①相手の気持ちを受け止めることができる。
②受け止めた気持ちを相手を傷つけないように言葉で返すことができる。

【本時の流れ】　第５時：気持ちをキャッチ②（ハートキャッチボール）

| | | 活動の流れ（教員の教示・子どもの反応と動き） | 留意点・教具等 |
|---|---|---|---|
| ウォーミングアップ | 5分 | ●あいあいタイムの「４つのあい」を確認する（69頁）。<br>●「えがおできょうも」をみんなで歌う。 | |
| インストラクション | 15分 | ●「前の授業までで，気持ちの出し方・受け止め方を勉強してきましたね。まずは，はっきりと，自分の気持ちを伝えられる「ハキハキさん」になること。それから，しっかりとその気持ちを受け止めてキャッチすることが大切でしたね。今日も，気持ちのキャッチの仕方を考えましょう。次の場面を見てください。<br>＜モデリング＞<br>ドッジボールをしている。Ｔ１がボールを受けることができた。<br>Ｔ１「○○さん！初めてボール受けれた！めっちゃうれしいわあ！」<br>Ｔ２「あんな弱いボール，とれてあたりまえや」<br>●Ｔ１さんは，うれしい気持ちを伝えていましたね。それなのに，今のように返されたらどんな気持ちになるかな。<br>●今のＴ２さんの言い方では，「トゲトゲさん」になってしまっていますね。<br>●じゃあ，どう返せばいいかな？Ｔ２さんになったつもりで考えてみましょう。（前で発表してもらう）<br>●今のように，キャッチした気持ちは，ハキハキさんになって，返すことが大切ですね。 | （クッションをやさしく渡す）<br>（クッションを投げ返す）<br>●言い方がきつい。<br>●うれしい気持ちが台無し。<br>●トゲトゲさんのお面をかぶせる。<br>●「よかったね」「上手だったよ」「おめでとう」。<br>できた子にはハキハキさんの帽子をかぶせる。 |
| エクササイズ | 10分 | ●今から２人組になって，練習してみます。班で，１人ずつやってもらいますので，自分の班の人をよく見ておいてください。<br>（教師の合図で交代し，全員がまわるようにする）<br>（１回終わるたびに，「ハキハキさん」になって言えていたかどうか，手を挙げて確認する） | ●各班に１人，気持ちを表すボールをわたす。 |
| シェアリング | 10分 | ●感想を聞いてみましょう。やってみて，どうでしたか。（ここでは，あまり深めず，何人かに聞いていく）<br>●振り返りカードを書く。（時間をきめて，途中でもえんぴつを置かせる）<br>●発表しましょう。（ここで，さらに深めていく）<br>●では，今日で，カードが完成します。「ハートキャッチボール」という言葉ができましたね。ハート（気持ち）を投げつけ合うのではなくて，ハキハキさんになって，やさしい言葉でキャッチボールすれば，けんかになることもありません。教室で，たくさん，ハートキャッチボールが見られるようになるといいですね。 | ●楽しかった。<br>●うまくできた。 |

## 人間関係学科　あいあいタイム　　　　　小学校３年生　第４パッケージ

# つ～ながれ！

### （1）本パッケージのねらい

２学期になり，運動会や遠足などの取組みを通して，子ども同士の関係は深まってきている。しかし，困っている子に言葉をかけることができなかったり，意見がぶつかったときにけんかになったりする場面がまだまだ見られる。本パッケージは，「つ～ながれ！」というテーマで，一つの大きな目標を達成する過程において，子ども同士が自然に協力し合う場面を設定した。１人ではできないことも，友達と協力すれば達成できるという体験を通して，積極的にかかわり合おう，支え合おうとする態度を養いたい。また，みんなで一つの物事を成し遂げられたという達成感を味わわせたい。

### （2）パッケージ全体を通しての目標（ターゲットスキルとねらい）

| | |
|---|---|
| コミュニケーション力 | グループで，体を支え合ったり，声をかけ合ったりして，つながりを深める。 |
| 対人関係 | ワークでの友達とのかかわりを通して，よりよい関係を築くきっかけにする。 |
| 共 感 性 | みんなで一つのことを達成できたことを喜び合う。 |

### （3）パッケージ全体の流れ

| | アイスブレーキング | メインエクササイズ |
|---|---|---|
| 第１時：新聞紙でつ～ながれ！ | ハイ・イハ・ドン | 新聞紙ジグソー |
| 第２時：魚でひとつにつ～ながれ！ | せーの | 魚で一つにつ～ながれ！ |
| 第３時：わっかでひとつにつ～ながれ！ | トントン肩 | 輪つなぎ |
| 第４時：橋を作ってつ～ながれ！　本時 | 「そうですね」ゲーム | 橋を作ってつ～ながれ！ |

### （4）実施時期

第３年２学期

### （5）具体的展開例（第４時　橋を作ってつ～ながれ！）

【本時のターゲットスキル】 コミュニケーション力，対人関係，共感性

【本時のねらい】 ①グループで，体を支え合ったり，声をかけ合ったりして，助け合う。
②みんなで一つのつながりができたことを喜び合う。

【本時の流れ】 第4時：橋を作ってつ～ながれ！（つ～ながれ！）

| | | 活動の流れ（教員の教示・子どもの反応と動き） | 留意点・教具等 |
|---|---|---|---|
| ウォーミングアップ | 5分 | ●「あいあいタイム」の4つの「あい」を確認する。<br>●「そうですねゲーム」<br>〔方法〕指導者が言ったことに，どんなことでも「そうですね」と受け止めて返す。「今日はいい天気ですね」「そうですね」。恵我っ子，3年生，かしこいなど。 | ●「I・相手・合い・愛」を表す。<br>●緊張を解き，楽しい雰囲気になるようにする。 |
| インストラクション | 5分 | ●「橋を作ってつ～ながれ！」<br>・「台風で船がひっくり返り，みんなは，海に投げ出されてしまいました。そして，3つの島に分かれて流れつきました。島と島を橋でつないで，行き来ができるようにしたいと思います。みんなで橋を作って，つながりましょう」。<br>【橋の作り方】1人が自分の岩を海に置いて，その上に立つ。2人目は，自分の岩を1人目に渡し，1人目はそれを自分の岩の隣に置く。2人目は，1人目の岩に乗ってから自分の岩に移る。3人目は，岩を1人目に渡し，1人目から2人目に渡し，2人目は，自分の岩の隣に置く。3人目は，1人目の岩に上がり，2人目の岩を伝って，自分の岩に立つ。同様にして順に自分の岩の上に立って，橋を作っていく。<br>・真ん中で，向こうの島のチームの橋と出会ったら，終了。<br>・一つの島を2つのグループに分かれて，隣の島に橋をかけていく。 | ●準備（ビニールシートで海，茶色の画用紙で3つの島）<br>●掲示物を用いて，ルールをわかりやすく説明する。<br>●一つの島の岩（踏み台）を赤と黄に分けておく。 |
| エクササイズ | 25分 | ●6つのグループが2つずつ向かい合って，橋を作る。<br>【ルール】①1人でも岩から落ちたら，橋は壊れてしまう。初めからやり直す。②岩から岩へ飛ばない。③自分のグループの橋ができたら，岩に座って，ほかのグループを応援する。④渡る順番は相談して変えてもよい。<br>＊橋を作るワークを簡単にクリアした場合のみ次を行う。<br>●つながった橋を互いに向こうの島まで渡り合う。<br>・橋ができた後，互いのグループが向こうの島まで渡る。うまくいかないときは，2つのグループが集まって，相談をする。<br>・1人でも落ちたら橋が完成している状態からやり直す。 | ●各グループをまわり，ルールの徹底をはかる。<br>●うまくいっていないグループに対しては，グループで相談するように助言する。<br>●子どもたちの様子をみて，うまくいかない場合は，どうしたらいいか，全員を集めて，相談させる。うまくいったグループがあれば，見本にやってもらう。 |
| シェアリング | 10分 | ●「橋を作ってつ～ながれ！」がどうしてうまくいったのか，あるいはいかなかったのか，気がついたことや気持ちを発表する。「○○さんが落ちそうになったときに，助けてくれた」「声をかけ合ったから，できた」「話し合っていい方法を見つけられた」「みんなで，一つにつながれて，うれしかった」<br>●友達の意見を聞いた後，振り返りプリントに書く。 | ●自分や友達のがんばりを伝えさせるようにする。<br>●気づきにくいときは，指導者が気づいたことを参考にさせる。 |

〔参考文献〕 ミルドレッド・マシェダー『Let's Cooperate　いっしょにできるよ』ERIC

# 解決選隊　問題どこナンジャー

## （1）本パッケージのねらい

１学期の課題として，友達と衝突したとき，話をして解決するのではなくけんかになってしまうことが多かった，ということがあげられる。日々指導していく中で，何が問題であったかということや，そのときそれぞれどんな気持ちであったかということを，児童の言葉として出し合うことを大切にしている。しかしながら，教師からの指導だけではなく，児童同士で問題を発見し，解決していくようになっていってほしいという願いから，本パッケージを設定した。問題場面を，どのように理解し（問題は何なのかを考え），どのように判断し（自分ができることを考え），決断し（こうしようと決め），実際に行動に移していくのか。設定された状況から自分なりの考えを組み立てていく活動を行っていきたい。

## （2）パッケージ全体を通しての目標（ターゲットスキルとねらい）

| | |
|---|---|
| 決断と問題解決 | 身のまわりに起きたことや，自分自身の課題に対して，自らの意思で考え，解決に向けて取り組むことができる力。 |
| 創造的思考 | 課題解決のための選択肢や行動の可否が，どのような結果を及ぼすかということを考えることができる力。 |

## （3）パッケージ全体の流れ

| | アイスブレーキング | メインエクササイズ |
|---|---|---|
| 第１時：できるかな？魚つり | 後出しあいこジャンケン | 魚釣り |
| 第２時：どうする？間に合わない！　本時 | なし | 自転車がこわれた！ |
| 第３時：どっちが悪い？ | たけのこニョッキゲーム | 感情のエスカレーター |
| 第４時：最終問題!!できるかな？パイプライン | ロボットさん | パイプライン |

## （4）実施時期

第５年２学期

## （5）具体的展開例（第２時　どうする？間に合わない！）

【本時のターゲットスキル】　決断と問題解決

【本時のねらい】　①提示された場面の中で，問題がどこにあるのか見つけることができる。

②だれ（登場する３人）にとっても受け入れられる，よりよい問題の解決方法を考えることができる。

③さまざまな方法（考え方）があることに気づく。

【本時の流れ】第２時：どうする？間に合わない！（解決選隊　問題どこナンジャー）

| | | 活動の流れ（教員の教示・子どもの反応と動き） | 留意点・教具等 |
|---|---|---|---|
| インストラクション | 10分 | ●教材の提示「自転車がこわれた！」<br>〈提示方法〉<br>プロジェクターで，場面設定を提示する。<br>〈場面設定〉<br>えり・みち・おっくんは，空手を習っている。<br>いつも３人で地域の体育館まで通っているのだが，先週，えりが待ち合わせにおくれてしまい，３人とも遅刻。ふだんは優しいが，時間にはとても厳しい空手の先生にしかられてしまった。<br>今日も空手の日。えりとみちは，おっくんと公園で待ち合わせしている。自転車に乗って家を出たみち。えりの家に誘いに行った。そして，２人でおっくんの待つ公園に向かった。待ち合わせの時刻にはどうにか間に合いそうだ。２人は自転車をこいだ。<br>しばらく走っていたら，「シュ～……」，なんとえりの自転車のタイヤがパンクしてしまった。<br>おっくんが待っている公園まではまだまだ遠い。約束の時刻は迫っている。このままでは空手に間に合わない。 | ●設定の詳細<br>①自転車の２人乗りはできない。<br>②携帯電話は３人とも持っていない。<br>③お金は持っていない。<br>④空手の開始時刻は午後３時30分。<br>⑤えりの家から公園まで約20分。<br>⑥公園から体育館（空手）まで，約20分。<br>⑦空手の先生は，話せばわかる先生である。 |
| エクササイズ | 25分 | ●解決方法を考える<br>・えりとみちが困っていることは何ですか。<br>・あなたが，えり・みち・おっくんなら，どうしますか。グループで考えましょう。<br>・考えた解決方法（意見）を発表しましょう。 | ●意見を板書する。<br>●ホワイトボードにまとめさせる。<br>●問題が解決できるように考えられているか，確認する。 |
| シェアリング | 10分 | ●わかったことや気づきを話し合う<br>「なるほど」「同じだな」など，友達の意見を聞いて気づいたことをふりかえる。<br>●まとめ<br>今日はいろいろな解決方法を，考えることができましたね。これからも，何か問題が起きたときは，力を合わせて，みんなが納得できる方法を考えていけるといいですね。 | ●どんな気づきも受け止め，発言しやすい雰囲気をつくる。 |

〔参考文献〕　後藤吉道「対人問題解決力を育てる」，佐藤正二・相川充編『実践ソーシャルスキル教育　小学校』図書文化社

## 人間関係学科　あいあいタイム　　　　幼稚園　４歳児・５歳児

# “ジャングル探検ごっこ”をしよう

### ○遊びの流れ

“ジャングル探検ごっこ”をしよう ⟷ 《運動会ごっこをしよう》（テーマ：ジャングル）・運動遊具で遊ぼう・必要な物を作って遊ぼう

≪ターゲットスキル≫
・コミュニケーション力
・共感性
・情報活用力

↓
ペア・グループ再編成　（３回目）10月19日
※４・５歳児の子どもたちが互いに声をかけ合い作る
↓
“ジャングルたんけんごっこ”の相談をしよう！
↓
“ジャングル”を作ろう　10月20日～
（・どんなジャングルにしたい？　・どんな遊びがいい？　・遊びに必要なものはなに？）
↓
“ジャングル”で遊ぼう
※遊びを繰り返し，より楽しくなるように，みんなでルールを考え合う
↓
“ジャングル探検ごっこ”をしよう　（本時）
※探検隊と係の子どもが分かれて遊ぶ
↓
遊びに足りないものを作ろう
（お家の人たちも招待しよう！）
↓
『えが幼まつり』をしよう　11月25，26，27，30日
※お家の人・未就園児・小学校の友達を招待しよう

［年齢・役割］
・探検隊………バンダナ
・ジャングルの住人………帽子

・４歳児　うさぎ組　25名
　バンダナ（白地豹柄）・帽子（赤）
・５歳児　きりん組　25名
　バンダナ（黄地豹柄）・帽子（黄）
・中学生　帽子・バンダナ（豹柄）
※中学生は遊びのサポート役として声かけをしたり，各コーナーでクリアできたことを認め，シールを貼る係

### ○本時のねらい

＜共　通＞“ジャングル探検ごっこ”の遊びに参加し，ペアの友達と一緒に楽しく遊ぶ。

＜４歳児＞自分の思いを出しながら，５歳児とかかわって楽しく遊ぶ。

＜５歳児＞ペアの友達とルールや考えを伝え合い，４歳児をリードして遊ぶ。

［遊びについて］
・ペアで探検カードを１枚持ち，それぞれの遊びをクリアすると各コーナーの“探検シール”を手に入れることができる。
　探検シールがそろったらジャングルの王様より黄金のメダルがもらえる。

| 時間 | 活動の流れ | 援助及び配慮 |
|---|---|---|
| 13:30 | ●“ジャングル”の広場に集まり，座る。<br>※環境構成図参照<br>●ふれあい遊びをする。<br>・「やきいもグー・チー・パー」<br>・「なべなべ」<br><br>●あいさつをする。<br><br>●“ジャングル探検ごっこ”の遊びを始める。<br><br>・ジャングルの住人（遊びの係）は遊びの準備をする。<br>・探検隊の子どもたちは“探検カード”をもらい，遊びに行くコーナーについて話し合っておく。<br>【遊びの係のグループ】＜帽子をかぶる＞<br>【探検隊のグループ】＜バンダナをつける＞ | ●子どもたちと話し合い考えた遊びのコーナーを設定し，ペアで楽しく活動できるように環境づくりをしておく。<br>●ジャングルの住人は帽子をかぶり，探検隊はバンダナを着けて役割がわかるようにしておく。<br>●ペアでふれあい遊びをし，気持ちをほぐして楽しい雰囲気で遊びが始められるようにする。<br>●幼稚園・中学校の友達と互いにあいさつをし，今日も一緒に遊べることを喜び，かかわることの楽しさが感じられるようにする。<br>●ジャングルの住人は準備物を整え，探検隊のグループが楽しく遊べるようにする。<br>●探検隊になったペアの子どもたちは，どの遊びから始めるかを相談し，“黄金のメダル”をもらうことに期待がもてるようにする。<br>●遊びのコーナーが狭いので，安全に気を付け，各コーナーの状況を見て動けるように助言をする。 |

| 時間 | 活動の流れ | 援助及び配慮 |
|---|---|---|
| 13:40 | ●探検隊の子どもたちが遊びに出かける。<br>・中学生のジャングルの住人に各コーナーの探検シールを貼ってもらう。<br>・探検隊は，ペアですべての遊びをクリアすると“黄金のメダル”がもらえる。<br>・クリアした探検隊の子どもたちはダンスを踊り，お祝いをする。<br>・ジャングルの住人（遊びの係）も，探検隊と一緒にダンスを踊り，お祝いに参加する。<br><br>●片付けをする。 | ●４・５歳児や中学生が，かかわって活動する様子を見守り，互いのことを気遣う姿を認める。<br>●ジャングルの住人が，探検隊に遊びの方法を伝え，遊びがクリアできるように応援する姿を認める。<br>●一つの遊びが終わったペアは次の遊びへ移動し，すべての遊びができるように声かけをする。<br>●ペアで協力していることや工夫していることを認め，周囲の子どもたちにも知らせて広めるようにする。<br>●子どもたちのかかわりや，よい面，困ったことなども記録し，次の活動につなげるようにする。<br>●片付けは各コーナーで係の子どもたちが協力して行い，次回の遊びに期待がもてるようにする。 |
| 14:00 | ●“おんがく”の広場に集まり，座る。<br>※環境構成図参照 | ●楽しかったこと，頑張ったことなどを話し合い，互いに認め合うことで，一緒に遊びをクリアしたことの喜びが感じられるようにする。 |
| 14:05 | ●今日の遊びについて話をする<br>・楽しかったこと，友達の頑張っていたこと<br>・困ったこと<br>・中学生への思いなど | ●困ったことは話し合って解決し，次回も楽しく遊びに参加する気持ちがもてるようにする。<br>●中学生の感想や気付いたことを聞く機会をもち，今後の交流に期待がもてるようにする。 |
| 14:15 | ●あいさつをする。<br>●解散する。 | ●今日の活動が次の遊び（えが幼まつり）に生かせるよう声をかけ，解散する。 |

環　境　構　成

≪ジャングルの地図≫

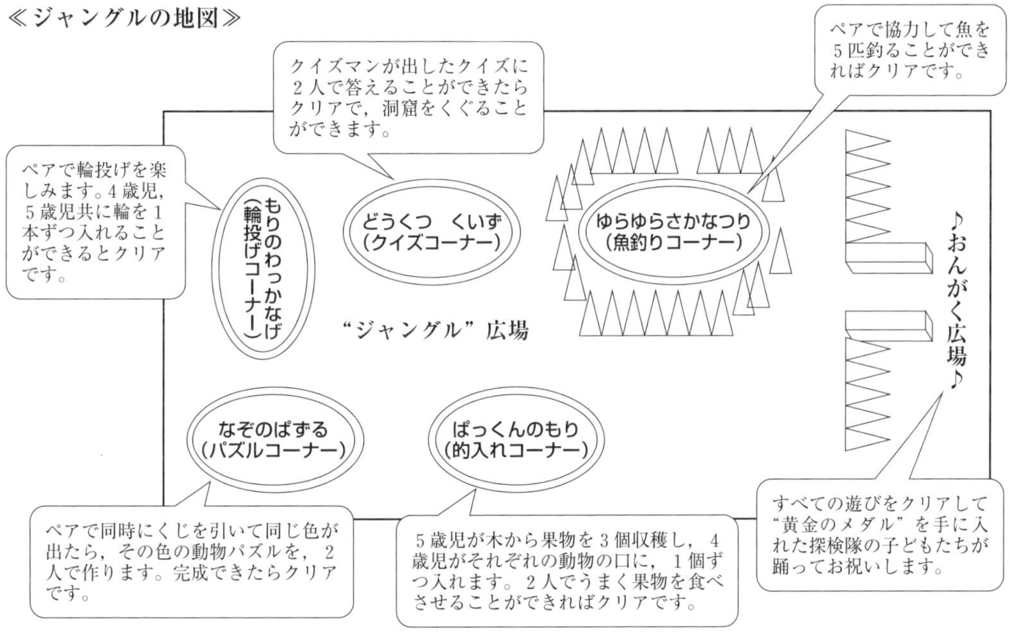

クイズマンが出したクイズに２人で答えることができたらクリアで，洞窟をくぐることができます。
ペアで協力して魚を５匹釣ることができればクリアです。
ペアで輪投げを楽しみます。４歳児，５歳児共に輪を１本ずつ入れることができるとクリアです。
もりのわっかなげ（輪投げコーナー）
どうくつ　くいず（クイズコーナー）
ゆらゆらさかなつり（魚釣りコーナー）
♪おんがく広場♪
“ジャングル”広場
なぞのぱずる（パズルコーナー）
ぱっくんのもり（的入れコーナー）
すべての遊びをクリアして“黄金のメダル”を手に入れた探検隊の子どもたちが踊ってお祝いします。
ペアで同時にくじを引いて同じ色が出たら，その色の動物パズルを，２人で作ります。完成できたらクリアです。
５歳児が木から果物を３個収穫し，４歳児がそれぞれの動物の口に，１個ずつ入れます。２人でうまく果物を食べさせることができればクリアです。


≪準備物≫

［子ども］・バンダナ，帽子，探検カード
［遊　び］・動物（パンダ・かば・くま・ライオン・きりん・ぞう），木（果物），収穫用の棒，輪，パズル，くじ引きボックス，魚，釣り竿，バケツ，草，スポーツマット，洞窟，クイズカード，○×カード，カセットテープ，デッキ，クリアゲート・黄金メダル

コラム4

## 連携した校区の幼稚園・小学校がどうハードルを越えたか

「地域の子どもを地域で育てる」「子どもをほめる機会をたくさんつくろう」を合い言葉に，地域教育協議会を中心とした地域活動が盛んである。校区の幼稚園・２つの小学校・中学校も以前から「11年間の子どもの育ちを保障しよう」と連携を深めている。

幼・小・中連携は，幼稚園の指導や課題を知ることから始まった。幼稚園の課題は，そのまま小学校・中学校の課題であった。教育機関は分かれているが，子どもや保護者・地域は連続している。とぎれることはない。校区の子どもを校区で育てるためには，それぞれの年代を受け持つ校区の教育機関が同じ目標をもって指導することが必要で，それが中学校卒業後の進路を保障し，次の地域の担い手を育てることにつながる。互いの校園の課題や問題意識・取組みを知ることで，互いの理解が深まった。時にはばらつきそうになる教師の気持ちをつなぎ続けたのが，地域であった。「先生たちは何年かしたら転勤するけど，地域は，ずっと一緒やねん。子どもは，ずっとここで生きるねん」という地域の方々の言葉を胸に刻み，校区連携は進んでいった。

そのような中，「人間関係学科」の研究開発が松原市立松原第七中学校（以下，松原七中）で始まった。「人間関係学科」の有効性が校区で認められるようになった。しかし，現実に校区のすべての校園で「人間関係学科」を実施することには躊躇があった。中学校でできたからといって，小学校や幼稚園でできるとは限らない。さまざまな課題があった。

しかし，幼稚園や小学校では，すでに「人間関係学科」とねらいを同じにする取組みがなされていた。幼稚園での「ごっこ遊び」。小学校での「放課後遊び」や「縦割り遊び」。幼いほど「遊び」から学ぶことが多く，「遊び」を大切にしている。その「遊び」を継続的に，組織的に，そして「ねらい」を明確にした仕掛けを加えたのが「人間関係学科」のワークである。そのことを伝えるために，松原七中で研究した「人間関係学科」の出前授業を行った。松原七中の教師が担当クラスを参観し，クラスの課題を共有し，小・中の教師で小学生向けに改訂した「人間関係学科」を開発したのである。小学校のどの子どもたちも，「楽しかった！」「自分のことを聞いてもらえた！」「一緒に完成して，うれしかった！」など，うれしい声がいっぱいだった。小学生の発達段階を考慮して工夫すれば，小学校でも有効な取組みであると感じることができた。

一方，子どもたちの気持ちを知る取組みでも，小・中で連携が始まった。松原七中で毎学期末に行う「学校生活調査」の小学生版を作成し，調査することで，課題が明確になり，小学校での「人間関係学科」の取組みが進んでいった。幼稚園では，小・中の取組みを参考としながら，今まで以上に多様な「遊び」に取り組み，小・中の取組みを支えていった。このように，具体的な実践を通して子どもの成長と課題を共有し，校区連携がさらに進んでいったのである。

〔畠山久子〕

# 第5章

# 実践の骨子と成果<br>ならびに今後の課題

# 1 実践の性格

## （1）「とまどい」と「手探り」

松原市立松原第七中学校（以下，松原七中）は，平成15年度より「不登校の未然防止と不登校生の学校復帰」を研究主題として，文部科学省から研究開発学校の指定を受けた（その指定は平成17年度までの３年間。その後，平成18年度に継続指定を受け，平成19年度から平成22年度まで，校区の２つの小学校と共に，「いじめ・不登校の未然防止」をテーマに研究指定を受ける）。

平成15年から平成22年まで，足かけ８年間にわたり，研究開発学校としての実践を積み上げてきたが，その始まりは，「とまどい」と「手探り」からのスタートであった。当時の校長は，「平成15年度　研究開発学校報告書（１年次）」に次のように書き残している。

研究指定を受けたこの１年を振り返ってみますと，私ども松原七中の教職員にとっては，まさに〝とまどい〟の連続でした。（中略）今回の研究指定で文部科学省をはじめ各方面の方々が特に強調されたことは，研究成果の「効果測定（＝数字で示すこと）」が必要だということです。私ども松原七中教職員にとって，こうした「効果測定」という観点をもたなければならないということが第一の〝とまどい〟でした。

それから，もう一つの〝とまどい〟は人間関係学科（HRS）の創設についてです。

このような教育は，いくつかの教育現場で，部分的に先行事例はあるものの，本校のように全校生徒を対象に年間のカリキュラムにより継続的に取り組んでいるという例はほとんどないようでした。そのため私どもは，まさに「暗中模索」「手探り」の状態で歩まねばなりませんでした。これが第二の〝とまどい〟です。

このように，「とまどい」と「手探り」から始まった松原七中の研究開発学校の実践をどのように進めてきたのか？その始まりから振り返ってみたい。

## （2）研究開発学校の始まり

先述したように，松原七中が「不登校に係る研究開発学校」に着手したのが平成15年であり，研究開発学校の計画書を提出したのは平成14年のことである。

この背景には，日本の不登校児童生徒の数が平成13年にピークを迎え，13万8,722人もの子どもたちが不登校になっていたという事実がある。この事態に，文部科学省は，平成14年９月に「不登校問題に関する調査研究協力者会議」を立ち上げた。この調査協力者会議は，平成15年３月に「(学校等が生徒に）働きかけることやかかわりをもつことの重要性」など「不登校への対応にあたっての五つの視点」をまとめ，また，学校の取組みとして，「不登校とならないための魅力ある学校づくり」と「不登校児童生徒に対するきめ細かく柔軟な対応」の二つが大切であるという主旨の報告書を出した。

この「調査研究協力者会議」に大阪から委員として参加されていたのが，当時，大阪市立大学大学院教授であった森田洋司先生と松原市教育委員会学校教育部次長であった菅原寛先生であった。この２人から「不登校に係る研究開発学校をやってみないか？」という話を松原七中にいただいたのである。大阪で積み上げてきた人権教育の中に，この不登校問題を切り拓いていく鍵があるのではないか，という提案であった。

### （3）絶対に「担任まかせ」にしない

当時，学校にとって（特に担任にとっては）不登校の課題は，出口のない迷路のようなものだった。担任は，何とか，「子どもを学校に」と家庭訪問や手紙，電話……など手を尽くしてみるものの，子どもが学校に来ない日が続く。それどころか，いくつかの行き違いから，その行為が裏目に出て，子どもや保護者との関係がこじれてしまうこともある。

少なくない教員がこのような経験をもつ中で，不登校の課題を正面に据えて教育実践を進めていくのは，松原七中にとっても勇気のいることだった。そのようなとき，学校運営を中心的に担ってきたベテランの教員が「(この研究開発学校の実践を）教職員の元気が出る取組みにしよう」「思い悩み，孤立しがちな担任を１人にしない，絶対に『担任まかせにしない』システムとその方法を考えよう」と提案した。

私たちがめざした教育の原点の一つに「今日も机にあの子がいない」という言葉がある。昭和20年代，長欠・不就学問題に取り組んだ教員の活動から出てきた言葉だ。教職員の中に，この研究開発学校に取り組むことにより，もう一度，めざした教育の原点に立ち返り，「学校と地域との協働」「人権を基盤にした総合的な学習」という松原七中の「強み」を活かした教育実践を深めてみようという気運が高まった。

そこから，校内組織としての「不登校生等支援会議」が生まれ，教育実践としての新教科「人間関係学科」の開発と，学校と家庭の中間ステーション「ほっとスペース」の取組みが始まることとなる。

〔糸井川孝之〕

# 2 学校教育課程のつくり方

## （1）新教科としての「人間関係学科」

国の研究開発学校制度を受けて松原七中では「『不登校の未然防止・不登校生の学校復帰』という研究主題に対して，新しい教育課程を作り出す」ことに取り組むこととなった。つまり，不登校の未然防止をめざした新しい教科の創設が必要となってくるのだが，これには頭を抱えた。まさに，「暗中模索」の状況であったが，答えは案外近いところにあった。

当時，大阪では，「人権教育のための国連10年（1995年～2004年）」を背景に，各地でフォトランゲージやワークショップなどの手法を活用した参加体験型の人権学習が取り組まれ始めていた。また，その実践の中で，人とつながり，自立していく子どもたちを育てるためのキーワードとして「自己概念（自尊感情や自己肯定感）」の重要性が提唱され始めた時期でもあった。これらの実践の教育理念や方法に学び，それをアレンジしていくことで，松原七中なりの新しい教科を生み出すことができるのではないかと考えた。また，各種の文献や先行実践にあたる中で，新しい教育手法も大胆に取り入れていこうということになった。

初年度（平成15年度）の研究開発学校の計画書には，人間関係学科の研究仮説として次のような文章が載っている。

不登校を改善・未然防止するためには「自らのストレスに気づきストレスを自己コントロールする力」「自己理解を通して相手を受け入れ，自己表現をしながら温かい人間関係をつくる力」を育てることが急務だといえる。これらの力は，もちろん道徳・総合的な学習の時間，特別活動等学校教育全般の中で育成される面もあるが，それらの時間では十分とはいえないし，系統的に実施しがたい面もある。

そこで，全学年に新教科「人間関係学科」を新設し，

○自己認識と共感性　　　○対人スキルとコミュニケーション力
○意思決定と問題解決力　○ストレスマネジメントと感情処理

などを目的に，座学だけでなくロールプレイやディベート，ブレーンストーミングなどの参加体験型学習手法を取り入れた学習を年間35時間程度，系統的・計画的に設定する。

## （2）人間関係学科の試運転

以上のような研究仮説の下に人間関係学科はスタートしたが，初年度の１学期は調査・研究

と体制づくりにあて，実際は，体育大会後の10月から各学年で取り組むこととした。

実際の授業をはじめるにあたり，教員が全員で取り組むことをめざしたため「ストレスマネジメント」「コミュニケーションスキル」「アサーション」などのターゲットスキルごとに3時間程度のパッケージをつくり，各教員が，そのパッケージの中の1時間の授業を習得し，それぞれが各クラスを回って授業をするというスタイルをとった。当初，「この授業は誰がするの？」「そんな授業したことないし，私にはできそうにない」と不安がった教員も，校内の研修や指導案づくりに参加し，模擬授業をするなどの準備段階を経て，徐々に意欲とスキルを高めていった。また，各学年での人間関係学科の実施とは別立てで，1年生から3年生の縦割りの選択授業の中に「わたしにつながる Workshop」というコース学習を設けた。このコースは，研究開発主任が担当し，外部のさまざまな講師を招き，多様な新しい教育手法を試すこととした。このコース学習の中で，研究開発主任である教員が子どもたちと先行的に，体験し，学び，積み上げてきた経験が次年度からの人間関係学科の全面展開の大きな財産となった。

## （3）人間関係学科の開発と地域との協働

人間関係学科は，コミュニケーションやアサーションなどのスキルを擬似的に体験して学ぶ時間である。このスキルをほんとうに獲得していくためには，スキルを行動に表し，確かめ，自分のものにしていく過程が必要となる。それはもちろん子どもたちの日常生活の多くの場面で用意されているのだが，生活経験がどんどん乏しくなっていく子どもたちの現状では，授業や行事などの学校の教育課程の中にも，それらを目的意識的に（あるいは隠れたカリキュラムとして）埋め込んでおくことが重要である。

例えば，多くの学校が実施している「職場体験学習」などはその絶好の機会である。あいさつに始まり，さまざまなソーシャルスキルを必要とするこの学習の事前・事後の時間に，そのテーマに合わせた人間関係学科の授業をリンクさせることによって，スキルはより実践的なものになっていく。さらに，学校を離れ，地域の中で活動する場を設けることで，より主体的・自主的な子どもたちの活動が創造され，その中で獲得し発揮されるスキルは，その子ども自身の人格の一つの要素として昇華していくはずである。

そこで，松原七中教育の特色である「学校と地域の協働」や「人権を基盤とした総合学習の展開」を積極的に活かし，「教室内の授業としてのスキル学習（人間関係学科）」→「特別活動や総合的な学習の時間，学校行事等での体験学習」→「地域の中でのボランティア活動」という学びの3段階を構想した。つまり，学びを，教室（学校）から地域（社会）へと広げていくことで，子どもたちは，自己を確立し，社会に参画する態度（行動）を主体的に獲得していくのではないか，と考えたのである。

〔糸井川孝之〕

## 3　校内組織のつくり方

研究開発学校に取り組むにあたり，二つの組織を校内に新設した。一つは，各学年・クラスで実践する人間関係学科の内容を研究・開発・交流する「こころプロジェクト」であり，今一つは，不登校生の現状を交流・把握し，具体的な支援を検討する「校内不登校生等支援会議」である。また，不登校生が学級復帰に至るまでの居場所（家庭と学校の中間ステーションとして「ほっとスペース」）を校内に設置した。

### （1）「こころプロジェクト」……人間関係学科の開発と推進

月１回，教職員全員で行う「こころプロジェクト」では，主に，新しく開発する人間関係学科の各学年の進捗状況の交流と検討を行った。教員のほとんどが経験したことのない参加型・ファシリテーション型の授業。アサーションやセルフエステーム……等々の横文字のターゲットスキル。まさに「とまどい」と「暗中模索」の中で，各学年が手探りで行った人間関係学科の実践を，教職員全員で確認・研修する場として，こころプロジェクトは大きな役割を果たした。

「こころプロジェクト」で検討される人間関係学科のプログラム開発は，従来からある既存の校内組織（人権・同和教育推進部）が担った。研究開発主任が部長となり，各学年から選ばれた若手の教員と共に，先行的な実践事例や，研究主任が選択教科「わたしにつながるWorkshop」で体験・会得した授業を下敷きに，次々に新しい授業を開発した。この人権・同和教育推進部の若手教員たちの熱気は，ほかの教員にも広がり，職員室のあちらこちらで頭を寄せ合い授業を検討する姿や，新しい教材をつくる姿が見られるようになった。

このように教職員が前向きになれた理由の一つに，この人間関係学科の授業を子どもたちが楽しみにしてくれたという事実がある。「先生，次はどんなことするの？」「あの授業おもしろいわ！」この声に教員がつい乗せられた。実際，ロールプレイングなどをすると，子どもたちは積極的に参加し，ほかの授業とは違う側面を見せる子どもたちがたくさん現れたのである。

この授業が軌道に乗ったもう一つの理由は，教員自身も，自分の殻を破る楽しさを自覚したということだ。先述したようにこの人間関係学科は，参加型・ファシリテーション型の授業であり，一定のターゲットスキル（授業によって付けさせたいスキル）はあるものの，その答えは，生徒一人一人の体験と振り返り（気づき）の中にある。つまり，授業者には，教え込みではなく，子どもたちの内面をうまく引き出す支援のスキルが必要となる。ふだん，忘れ物をしたといっては怒り，むずかしい顔をして宿題点検をするのとは違うスキルが必要となる。当初，ある教員は，「今日は，我慢した。１度も大きな声を出さないで授業してきた」と自画自賛していたものである。

また，教員が授業のはじめ，ロールプレイングのモデリングとしてさまざまなキャラクターを演じることもあった。生徒指導の先生が，気の弱い自分の言いたいことをちゃんと主張できない生徒の役を演じたり，教頭先生が悪魔の役を演じたり……。いかにも大阪的であるが，この，まるで吉本新喜劇のショートコントのような教員の寸劇（実際は，ロールプレイングのモデリング）も，子どもたちは楽しみにし，授業に参加する意欲をさらに高めた。

「教員が，一生懸命考え，準備し，授業をする」→「生徒はその授業を楽しみにし，積極的に参加をする」→「教員はさらに工夫をする」……。人間関係学科の開発の歯車がうまくかみ合いはじめた。

### （2）「校内不登校生等支援会議」……生徒の実態把握と生徒支援

#### ●生徒の実態から出発する　～「学校生活調査」と「ほっとアンケート」の始まり～

私たちが大切にしてきた教育に「生徒の生活実態から出発する」という原則がある。

「学校で荒れたり，授業で無気力になる子どもたちの生活の裏側には，家庭内の問題や経済的な貧困などさまざまな要因がある。教育は，そのような子どもたちの生活の現実を把握し，そのことに寄り添い，ときには叱咤激励し，子どもたちの自立をめざす」ということだ。そのために，先輩たちから「教育は『今日行く』や。困ったことがあったら，まず足で稼げ」と家庭訪問＝保護者とつながることの大切さを教えられたものだ。これは今も普遍の原則であり，松原七中の教員はほんとうによく子どもの生活を知っており，保護者からいろいろなことを相談される。

このようないわば伝統的な教育活動の上に，研究開発の取組みは，この「生徒の実態把握」についても，新たな段階を切り開いた。「家庭訪問」などの手法は，物理的に限界があり，また，ややもすれば教員の職人的な勘（この嗅覚は大いに大切であるが）に頼るところもある。

先に「とまどい」の一つの例として「研究成果の効果測定を各方面から求められた」と当時の校長があげたことを紹介した。研究開発学校では「生徒の実態や変容を数値で表す」という学校現場が，今まであまり経験したことのないことを求められたのである。どのようにしたら子どもたちの内面の変化を客観的な数値として表すことができるのか？ともかく当時の生徒指導担当教員（先に，「絶対に担任まかせにしないシステムと方法を考えよう」と発言したベテラン教員）は，あちらこちらに相談し，先行事例を研究し，学期に１回の「学校生活調査」と９月の（教員と生徒の）２者懇談会前の「ほっとアンケート」の実施と分析ソフトを用いたその分析方法を開発した。このアンケートと分析の結果が，生徒の実態把握の質を向上させ，その数値に見える取組みの成果が，日常の実感と相まって教職員を勇気づけたのである。

### ●校内不登校生等支援会議の実際

上述したようなアンケートや家庭訪問・面談などで得た情報をもとに，週に１回（木曜日の３限）時間割内に「校内不登校生等支援会議」を設定した。会議の構成メンバーは，管理職・スクールカウンセラー・養護教諭・生徒指導コーディネーター・各部部長・学年主任。

よく，この種の会議は，生徒の情報の交流はするものの，次の一手，方針が確認されないまま時間だけが流れるということがある。ここでは，不登校など支援を要する生徒をリストアップし，毎週継続的に，子どもたちの様子を交流するとともに，具体的な支援の方針を一人一人確認した。校内だけでは対応しきれない事案については，教育委員会と連携し，子ども家庭センター，市役所の福祉部門などに相談するとともに，必要に応じてケース会議を開催するシステムも構築した。この会議の存在と，ここで出される方針が，担任や学年の先生を勇気づけた。「家庭訪問をする意味」や，場合によっては「見守ることの重要性」等々が，管理職を含めた会議で確認され，担任が「自信」と「見通し」をもって生徒や保護者に対応できるようになった。まさに「担任まかせにしない」を具体化したものであった。

## （3）「ほっとスペース」―こころのステーション＝居場所づくり―

「学校に来られない」「教室に入りづらい」子どもたちを具体的に支援する場所として，教室を改装し「ほっとスペース」を作った。テレビや電子レンジ，掃除機，花瓶や人形などを教員が家から持ち寄り，極力「教室の気配」を排除した。コンセプトは若者のワンルームマンション。さまざまな理由で，教室に入ることができない子どもたちが，この部屋で，学習したり，料理を作ったり，絵を描いたり，さまざまな体験と，教員との交流を通して力を蓄える「こころの居場所」として，この部屋は作られた。

みんなとは時間をずらして，少し遅めに登校し，学習を早めに切りあげて下校する生徒。母親と登校し，母親と一緒に，料理や物作りなどの体験をする生徒。学校には，来られないものの，ほっとスペースの先生や担任からのメールを楽しみにしている生徒。ここでは，さまざまなタイプの子どもが学び，一人一人に応じた支援がある。その内の何人かは教室復帰を果たしたし，卒業まで教室には入れなかった生徒にも，卒業後も相談にのる教員の姿がある。ほっとスペースの運営は，研究主任が担当し，時間割を調整して，すべての教員がかかわりをもつようにしている。また，市教育委員会の協力も得て，学生ボランティアも大きな力となっている。初代の研究主任は，「不登校生支援とは，実は母親の支援。お母さんが，どれだけ，悩み・ストレスをためているのか。家族や親戚にも言えない話を聞きながら，一緒に涙することが何回もあった。お母さんが，現実を受け止め前向きになったときに，子どもの状態が，好転する経験を何度もした」と語っている。ほっとスペースは，このような保護者支援の役割も果たしている。

〔糸井川孝之〕

# 4 校外連携（幼小・教育委員会・地域・保護者に対して）

松原七中の人間関係学科を核とした取組みは，学校外部との多くの連携によって支えられている。それらについて，校園種間連携，地域・保護者との連携，教育委員会の連携の順に記述する。

## （1）校園種間連携

以前より，松原市では，どの中学校区にも，中学校区人権教育研究会が組織されている。それぞれの中学校区で特色はあるものの，幼稚園・小学校・中学校の教職員が一同に集まり，教科授業や人権教育など，その時々の課題について授業交流をしたり共同研究をしてきた。松原七中校区も，年に１度の公開研究授業を中心に，管理職はもちろん，生徒指導担当，人権教育担当，支援教育担当，事務職員など，それぞれの担当者で研究と交流をしてきた経緯がある。

特に，先述した国際交流フェスタを中心にした地域と学校園の協働が深まる中で，学校園同士は，より密接な情報交換と連携が必要となり，必然的に校種間連携が促進された側面がある。

平成15年に松原七中が研究開発学校となり，その成果を踏まえて平成19年からは，校区の恵我小学校と恵我南小学校も含む中学校区として研究指定を受けることとなった。その際，校区にある松原市立の恵我幼稚園も，今までの校園種間連携を踏まえて，オブザーバーとして一緒に取り組むことになり，下図のような校区の組織を作った。

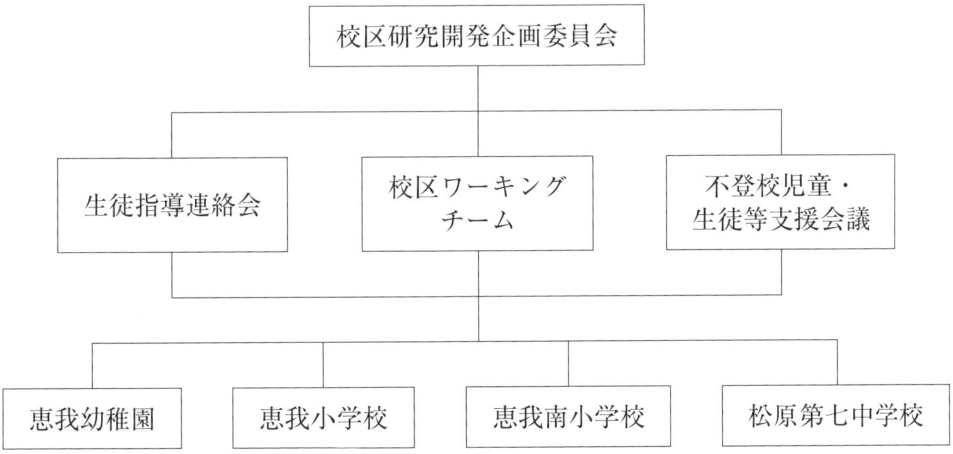


**松原第七中学校区の研究組織図**

組織の要は「校区研究開発企画委員会」である。これまでの「校区連絡会議」(構成員は，管理職，生徒指導主事，教務主任，人権教育主担者等）を発展的に改編した組織であり，ここでは，研究計画や研究内容等の基本的な方向性を確認することとした。

具体的な教育実践は，それぞれの学校園の教員が，「校区ワーキングチーム」「生徒指導連絡会」「不登校児童・生徒等支援会議」に別れて進めることとした。

さらに，「校区ワーキングチーム」には，実際のプログラム開発を行う「校区あいあいプロジェクト」，子どもたちにアンケートを行いデータ分析をする「効果測定ワーキング」，それらの取りまとめを行う「実態把握ワーキング」の三つのワーキングをおいた。

また，具体的に児童・生徒の実態交流と支援を行う組織として，「校区生徒指導連絡会」と「校区不登校児童・生徒支援会議」を設置した。

このような校種間連携の枠組みの中で，松原七中で人間関係学科として開発したいくつかのプログラムは小学校に移行し「あいあいタイム」としての取組みが始まった。その後，幼稚園も含めてたくさんのプログラムが開発され，平成20年には，幼稚園から小学校・中学校までの11年間のターゲットスキルとそのプログラムを校区として整理するに至っている。

また，小中共同のデータ分析や実態交流の中で，小学校の妹や弟の様子から中学生の兄への支援につながったり,中学校の生徒指導のノウハウが小学校の先生の役に立つこともでてきた。

そして何よりも，これらの具体的な教育活動を通してできた信頼関係が，学校にとっても，地域や保護者からみても，大きな財産となっている。

### （2）地域・保護者との協働

研究開発学校の意味や人間関係学科に取り組む意義を地域や保護者に伝えることは，大変むずかしい作業である。事実，ある保護者は「授業を削ってまで何をはじめるのか？と正直思いました」と述べている。

実際，学校（園）は，学校通信や授業参観等，ことあるごとに研究開発学校の取組みや人間関係学科の授業を説明し，参観を行い，その認知度は徐々に上がっていったが，その意義や内容を理解するまでにはいたっていなかった。それが大きく進展したのは，教員が，学年懇談会や地域教育協議会（以下，地域協）の会合の中で，実際に人間関係学科の授業を行い，地域・保護者の皆さんが，体験してからである。「教員の劇（ロールプレイング)」を観てお腹を抱えて笑い，「さいころトーキング」をして仲良くなり，「シェアリング」で考えを分かち合う。保護者や地域の人も「心地良い時間」を過ごす中で人間関係学科に対する理解が深まっていった。

今では「学校診断アンケート」の「学校では特色ある取組みが行われていますか？」の項目に，90%以上の保護者がYESと答え，地域の方々にも「松原七中，このごろ変わったな」「ずいぶん落ち着いてきたで」「何か新しいことやってるみたいや」と言っていただけるようになった。

子どもたちにも，「人間関係学科ってほかの学校にはないらしいで」「何かこのごろ，よその県からたくさんお客さんが授業見に来るなぁ」という感覚が広がり，自分たちは，何か特別な「いい授業」を受けているという誇らしげ（？）な気持ちにもなっていったようだ。このことが，地域の中で学校の取組みを応援しようという動きに一層拍車をかけた。松原七中校区地域協は，「地域で子どもを育てよう」のスローガンを掲げ，「地域協・子どもボランティア手帳」を作成し，フェスタやクリーンキャンペーンなどで活躍する中学生を，学校と協働して育てていこうという仕組みを作り出してくれた。

### （3）教育委員会との連携

松原七中が，この研究開発学校の指定を受けたのとほぼ同じころ，松原市教育委員会は「松原市不登校児童生徒等総合支援会議」を立ち上げた。この会議の目的は二つある。

一つは，松原七中の研究成果をモデルとして，その成果を市内各小中学校に広めることである。松原七中の人間関係学科はもちろん，子どもの生活実態の把握や分析，具体的な支援の方法等が，この会議を通じて発信されていった。

もう一つは，市教育委員会が窓口となり，学校と子ども家庭センターや市役所の福祉部門などとのパイプを作り，支援を必要とする子どもや保護者に多方面からの支援が総合的にできるシステムを構築するということである。

先述したように，松原七中では，「校内不登校生徒等支援会議」を設け，週に１回のペースで，支援の必要な子どもの実態把握と具体的な支援の手立てが確認される。「担任まかせにしない」システムである。その際，どうしても，校内だけでは解決できない問題が生じる。例えば，経済的な課題や病気への支援。ときには，警察などとの連携も必要となるケースである。

こんなとき，学校は，「市不登校児童生徒等総合支援会議」を通じて，各連携機関への支援を要請するなど子どもだけでなく，保護者に対しても総合的なアプローチが可能となった。これにより，子どもの状況が，大きく好転するケースもあり，このような事例が，典型例として，「市不登校児童生徒等総合支援会議」を通じて他の学校と交流されていった。

〔糸井川孝之〕

# 5 研修のあり方

## （1）子どもの気持ちをつかむ工夫から始めた校内研修

「人間関係学科」の実際のプログラム作成にあたっては困難があった。机やイスから離れて行うワークショップという授業スタイルにも抵抗があった。それでも，「人間関係を結ぶことは楽しいこと」「人を信じるって気持ちいい」と子どもたちに感じさせるには，説明や理屈ではダメだともわかっていた。悩んだ私たちは，企業のソーシャルスキルトレーニング法やさまざまなワークショップについて学んだ。しかし，私たちの目の前にいる子どもたちにマッチするものはなかなか見つけることができなかった。

そこで，私たちは，まず子どもたちの実情を知ることから始めた。子どもたちがほんとうに何に悩み，何につまずいているのか，一人一人の子どもの気持ちをつかむこと，そこからスタートすることにした。スクールカウンセラーの力も借り，学校生活アンケートを作成した。同じアンケートを毎学期末に実施し，個々の子どもの回答をデータとして入力し，分析し続けた。初めての学校生活アンケート実施。私たちが考えていた以上に子どもたちがさまざまなストレスを抱えていることを知った。そして，ストレスの解消法の少なさ，自分の存在に自信をもてない子どもの多さも予想外だった。このような学校生活アンケート結果から，「人間関係学科」プログラム開発が始まったのである。

## （2）ストレスマネジメント研修からワークショップ開発へ

まず校内で研修したのは，ストレスマネジメントについてである。学校生活アンケートから，子どもたちのストレスの多さとストレス解消法の少なさが，多くある課題の中で優先順位が高いと判断したからである。また，机やイスから離れずに学習することができるという指導者の抵抗感が少ないことから始めることが，研究開発をスムーズに進めることができると考えたからである。子どもたちが小さなハードルを越えて学びを深めていくように，教員も小さなハードルを越えていきながら新しい指導スタイルを手に入れていかなくてはならない。教員が自信をもって指導できるようにしていくためには，新しい指導方法を自分のものにしていく必要があった。少しむずかしいけれど楽しみながら研究を進めていけるようにすることが，研究開発担当者の役割であった。ストレスマネジメント学習は，子どもたちに有効で，子どもを劇的に変化させた。その子どもの変化が，指導者に力を与えた。机やイスから離れることに抵抗感がなくなってきたころに，ワークショップスタイルの研修を実施した。「わたしのじゃがいも」である。講師が進める研修の中で，教員がどんどん引き込まれていく。自分のクラスの子どもだったらどんな反応をするか，話しながら。それでも，自分がクラスで指導するには自信がない。けれど，今のままの「人間関係学科」では満足できない。そんな葛藤がどの指導者の中にもあった。学校全体として一歩前進するには，まだまだ研修する必要があると感じていた。

そのときお世話になったのが，大阪府立松原高等学校の先生方である。松原高校ではすでに人間関係トレーニングが充実していた。ヒントはすぐ近くにあったのだ。カウンセリングに詳しい先生もいらっしゃった。ワークショップスタイルの授業を取り入れていくために，指導者の力量や悩み・願いをつかみ，ねらいを明確にした松原高校からの学びが大きな力となった。

ワークショップスタイルの授業が定着するのに有効だった手法の一つが，ロールプレイングであった。ストレス対処法の中にあるアサーション学習を，学年の教員全体で子どもたちの前で演じた。日常の生活の中でよくある友達や家族とのもめごとをとりあげてシナリオを作って演じたのである。ふだんと違う担任の姿は子どもたちに大いに受けた。最初は笑うだけだった子どもたちも，ロールプレイングが進むうちに，次第に自分の姿を重ねていくようになった。ロールプレイングをしながら，子どもたちが自分を客観的に見つめることができると実感した。

子どもたちでロールプレイングができるようになると，指導者は，ほかの手法を模索し始めた。子どもより１歩前にいたい。昔の遊びやテレビでのゲームをもとにオリジナルのゲームを作ったり，100円ショップでアイデアを考えたり。パソコンも活用した。いろんなところにワークショップのネタはあった。一人一人の教員の得意な分野を生かせば，多様な指導方法がある。子どもが楽しむためには，まずは教員自身が楽しむこと。みんなで知恵を出し合いながらプログラムを「つくる」ことから生まれる喜びと連帯感。「人間関係学科」を指導しながら，教員同士がその関係性を深めていったのである。関係性が深まってきたことに自信をもった私たちは，自分たちが取り組んでいることを保護者や地域の人々に知ってほしいと思うようになった。家庭でよくある親子のもめごとをアサーションで解決することをテーマにしたロールプレイは，保護者や地域の人々から支持され，「人間関係学科」への理解を深めることにつながった。このロールプレイも，最初は教員だけで行っていたが，次第に地域の方が参加されるようになり，ほかのワークショップにも保護者や地域の方が積極的に参加してくださるようになっていった。「人間関係学科」は，子どもの実態把握から始まり，ねらいを明確にして，少しむずかしいハードルを設定し，課題克服に向けての「しかけ」を工夫する。授業後は「振り返り」を行い，学んだこと・気づいたことを言語化して全体化する。指導者は，その学びをもとに，次のハードルを設定する。このスパイラルを繰り返すことで，子どもたちは変わる。そして，子どもたちの変化が，指導者のモチベーションを高め，次なる高みへと引き上げてくれる。「人間関係学科」は，子どもたちにとって有効な取組みであったが，最も大きな成果は，教員自身を変化させてくれたことにある。〔畠山久子〕

## 6 実践の成果

### （1）「学校生活調査」（効果測定）

松原七中では，平成15年７月より，現在に至るまで，人間関係学科の創設も含めた学校教育の成果や課題を測定するために「学校生活調査」と名づけたアンケート調査を実施してきた。「学校生活調査」は，次の６つの尺度により構成されている。

| | |
|---|---|
| a．学校生活満足度 | ５件法×10＝ 50点 |
| b．悩み | ５件法×16＝ 80点 |
| c．ストレス反応 | ５件法×15＝ 75点 |
| d．ストレス対処 | ５件法×14＝ 70点 |
| e．ストレッサー | ６件法×24＝144点 |
| f．自己肯定感 | ２件法（０か１か）×25＝25点（逆転項目含む） |

毎学期末の７月，12月，３月の年３回実施し，平成24年で10年目をむかえる。松原七中では，子どもたちの変化や成長を確認し，迅速で的確な支援が子どもたちに届くように，このアンケートを活用している。つまり，「誰が学校生活に満足できていないのか」「誰が悩みやストレスを多く抱えているのか」「誰が教員と良好な関係を築けていないと感じているのか」「誰が個としての自立ができていないのか」等々の観点による要支援の子どもたちへの支援策の検討に活用してきた。人間関係学科の実施や不登校生徒などへの支援を通じて，個の成長を促進し，教員と子どもの関係性，子ども同士の関係性，ひいては教員同士の関係性の向上へとつながっていったのである。

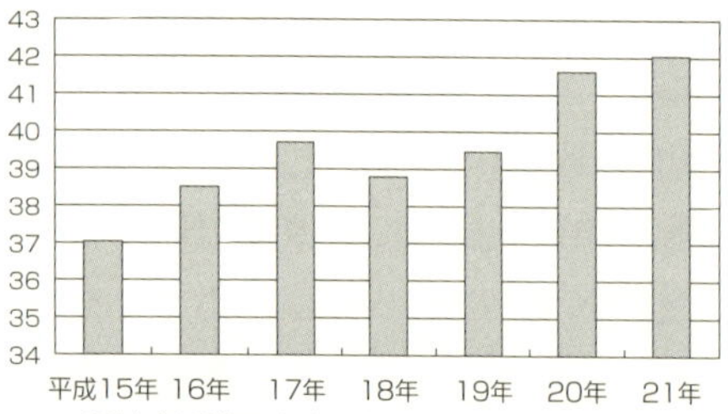

学校生活満足度合計（平成15～21年）50点

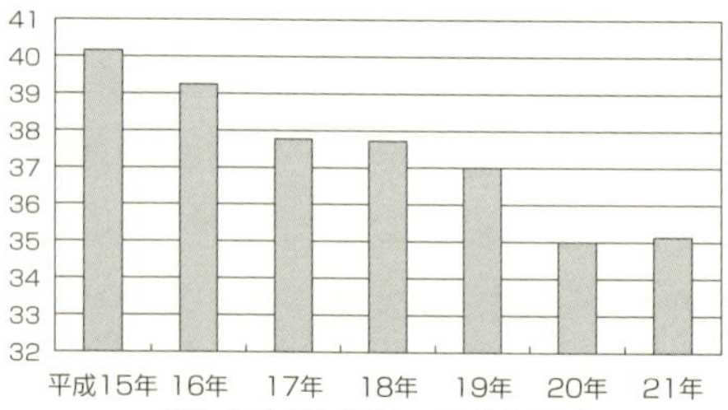

悩み合計（平成15～21年）80点

上の２つのグラフからもわかるように，授業・教員との関係性，子ども同士の関係性を測っている学校生活満足度は上昇し，学校生活や日常生活において子どもたちが抱えている悩みの合計値が減少してきたことからも検証できる。

それにともない，右のグラフからもわかるように，子どもたちの心や身体や行動にあらわれるストレス反応の数値も減少してきたのである。つまり，「学校が楽しくなれば悩みは減り，悩みが減ると心や身体や行動にあらわれるストレス反応が減る」のである。この検証は，松原七中の不登校生徒などへの支援を大きく前進させた。つまり，「不登校の子どもは，おなかが痛くなるし，イライラするし，人やものにあたってしまう」のである。また，自己肯定感の点数が低い子どもは，日々生起する出来事を依存的にとらえ，固定観念にとらわれ，まわりに攻撃的なあり様（よう）を示した結果，トラブルになり落ち込んでいくのである。このアンケート調査の実施により，教員はそんな子どもたちの心模様を理解し，寄り添うことができる契機となるのである。そして，その結果，平成13年度には約６％もあった不登校率は２％を少し越えるくらいにまで減少させることができた。

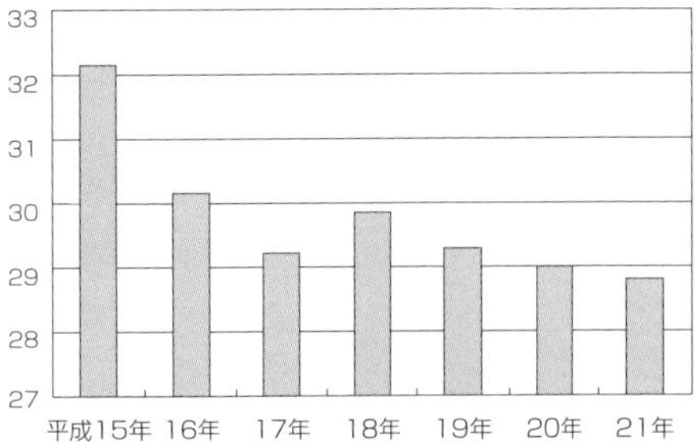

ストレス反応合計（平成15～21年）75点

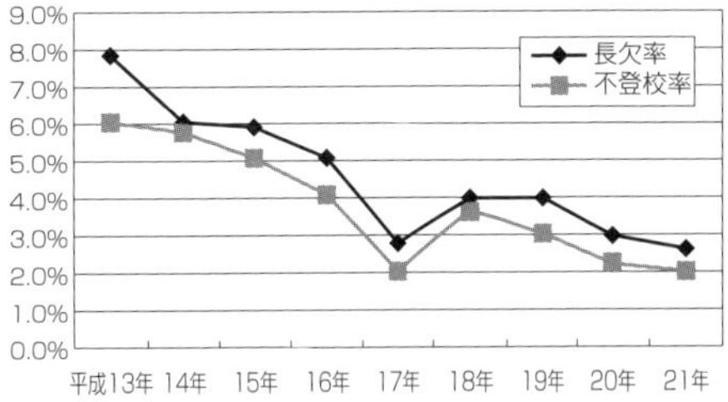

長欠率と不登校率の推移合計（平成13～21年）

## （２）ストレス反応とコーピング（対処）

「学校生活調査」におけるストレスに対する対処（コーピング）の質問項目を因子分析から得られた４つのグループを，「積極的」「攻撃的」「抱え込み」「本能的」コーピングと名づけた。

積極的コーピング
- d１スポーツで発散する　d２友達に相談する
- d３家族に相談する　d４先生に相談する

攻撃的コーピング
- d５モノにあたる　d６人が嫌がることを言う
- d７人をたたく

４つのグループの中から，積極的コーピングと攻撃的コーピングの平均値（積極的－攻撃的）の推移を表したものが次頁のグラフである。ほぼ差のない状態からのスタートであったが，平成21年７月の時点で，ほぼ0.6ポイントの差となっていることがわかる。５件法（最低１点～最高５点という４ポイントの中での変化）での測定であるのでこの0.6ポイントという差がいかに大きいものかわかっていただけると思う。この差を広げていくことが，いじめ・不登校の

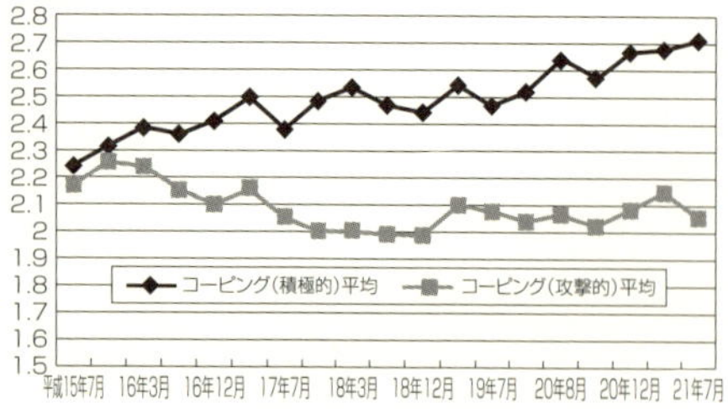

積極的コーピングと攻撃的コーピング(平成15年7月~21年7月)5点

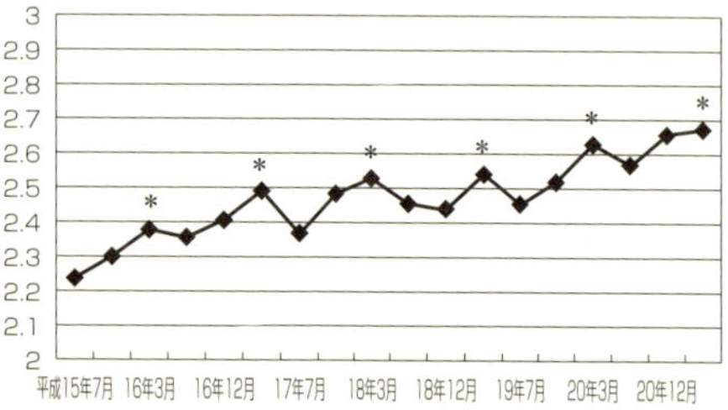
コーピング〔積極的〕平均(平成15年7月~21年3月)5点

未然防止につながっていくことは間違いない。人間関係学科と不登校生徒などの支援を通じて培われた教員の相談力の向上が，こうした結果を生み出したといえる。

さらに，興味深いデータが下のグラフである。積極的コーピングの推移だけを取り出したものである。年度毎における変化がわかるように，平成15年7月から平成21年３月調査までの年３回，６年分の推移を表した。＊印をつけたものは，すべて３月調査である。平成18年度の調査だけ，１回だけ例外はあるが，毎年度初めの７月調査から数値を上げ，年度末の３月調査で，その年の最高値を出している。しかも，各年度の最高値は年度が新しくなるごとに最高値を示し，この調査期間の６年間上がり続けたということなのである。

つまり，卒業した３年生の代わりに新しく１年生が入ってくる，あるいはクラス替えがあり子どもたちは新しい仲間や教員と出会う。そうなれば当然，「d２友達に相談する」,「d４先生に相談する」の７月調査の数値は３月調査より下がる。しかし，それが前年度の積み重ねの上にさらに積みあげられているということが，階段状に上昇しているグラフから読み取ることができる。これは，教員の相談力の向上と子どもたちのスキルアップが，伝統として学校に根づいてきたことを表している。

## （3）アンケート調査の意義や実施方法

松原七中において行ってきた効果測定＝アンケート調査は，心理学的には素人集団の教員ではあるが,「なぜアンケートをとるのか」というアンケート調査の意義を踏まえながら実施をしてきた。つまり，自前で実施しているアンケートであるからこそ，表れてきた数値を大切にし，子どもたちの小さな心の変化をつかんできたのだといえる。

次頁に掲げる文書は，アンケート調査の意義などを教員間で確認するためのものである。アンケートが教員と子どもを結びつけ,アンケート項目自体が,子どもたち自らへのフィードバックとしてあらわれ，規範意識の向上につながっていることを読み取っていただきたい。しかし,現実的には現場においては,効果測定を担う教員を配置することは,非常に困難なことである。ある程度の専門知識も必要となってくるし，データ入力や分析などにかける時間は，多大なものがある。教育現場では，図書文化社の「Q－U Questionnaire－Utilities 楽しい学校生活を送るためのアンケート」や大阪心理出版の「Σ（シグマ）教育相談のための綜合調査」などが学校教育のアセスメントツールとして広く活用されている。これらのアセスメントツールは，優れた分析評価が返ってくるので，現場への貴重なフィードバックとして活用することができ，非常に有用である。実際に，松原七中では，平成24年度からは，「学校生活調査」と図書文化社の「Q－U」を併用して活用している。〔深美隆司〕

## アンケートを実施するにあたって

平成24年度改訂版

**1．アンケートを取る目的・意義**

1）子ども自身が自分の姿に気づく。
2）教員が子どもの心の変化に気づく。
3）アンケートが子どもと教員のパイプになる。
4）アンケートを取ること自体が子どもの中に規範意識をつくりだす。
5）子どもにとって「ほっと」できる居場所をつくるために生かす。
6）子どもの成長を教員が確認する。
7）教員がクラスや学年の状態を認識する。
8）支援が必要な子どもを教員が認知し，個別支援に役立てる。

**2．アンケートを取るときの注意事項**

1）座席を列にして，子どもが質問以外の声を出したり，子ども同士でおしゃべりをしない状態をつくる。
2）アンケートをとる目的を子どもに伝える。
3）一問一問はっきりと読み上げ，子どもに一問ずつ記入させる。
4）アンケートの質問に対する質問についてのみ答える。
5）終了後，記入もれがないか確認する。
（「よくわからない」という場合でも近いものを選んでもらう）
6）欠席者などには，事後，すみやかに個別に記入してもらう。
7）不登校生・長欠生などについては個別に実施が適切かどうか判断する。

**3．その他**

1）教員と子どもの二者面談に活用し，保護者も含めた三者面談ではアンケートを見せるなどの活用はしてはいけない。
子どもが保護者には知られたくない内容を含んでいることが多々あるので。
2）支援が必要な子どもについては，学年レベルでアセスメント（見立て）を行い，適切な支援を早急に行う。

# 7 今後の方向
## —人間関係学科から学習指導へ—

地域や保護者の方と話をしていると「七中はずいぶん落ち着いてきたなぁ。次は勉強やで」「外堀は埋めたからなぁ，あとは学校の中のことや。学力つけたってや」という声を聞くことがある。厳しくも，ありがたい指摘である。授業をするのにも困難があった学校の状況から，さまざまな取組みや支援の結果，ようやく落ち着いて学習できる状況ができてきた。学校は子どもたちの「学力」を伸ばす場であり，その期待は大きく，その期待に応えるべきである。

一方，「学力とは何か」については，さまざまな論議があり，特にここ数年，混乱を極めているように思える。ここで，その「学力論争」に深入りするつもりはないが，不登校生徒など課題のある生徒に寄り添い「人間関係学科」を開発してきた松原七中なりの現時点での結論と，今後の方向性について述べてみたいと思う。

### （1）公立学校の立ち位置

松原七中は，公立の学校であり，地域の学校である。その校区に住むすべての子どもたちが，ともに集い，学び，成長する場所である。障がいのある子ども，外国にルーツのある子ども，一人親家庭の子ども，保護者が失業中の子ども，……さまざまな生活背景，多様な育ちをした子どもたちがそこにいる。私たち公立学校の教職員の仕事は，その子どもたちの生活に寄り添い，ともに成長していくことを支援していくことである。不景気が長引き「格差社会」ともいわれるこの時代に，すべての子どもたちが，自分の未来を信じて努力できる力をつけること。少なくとも，保護者の経済的な格差などが，子どもの将来への意欲や教育の機会を奪うことがあってはならないと考える。

### （2）人間関係学科と学習指導のスキル

人間関係学科の授業は「インストラクション」「エクササイズ」「シェアリング」の三つから構成されている。教科授業にあてはめれば，「導入」「展開」「まとめ」ということになる。教員は，それぞれの場面で，生徒を掌握し，意見を引き出し高めていく。そのファシリテーションの際，最も肝要なのは「場づくり」である。教室を「安心して，自分を出せる空間」にしていかなければならない。

実は，この「場づくり」にはふだんの教科授業における教員の指導力が最も重要である。人間関係学科がむずかしいのは，これを大きな声で怒ったりしないで成し遂げねばならないからであり，そのための導入や教具開発，メインのエクササイズの提示方法など，生徒の意欲を引き出すために教員は四苦八苦する。これらの経験が，子どもたちを引きつける魅力ある授業づくりに生かされることはいうまでもない。

### （3）私たちがめざす学校

「学力問題」の根幹は，子どもたちの「学習意欲」である。松原七中は，子どもたちに「相手を受け入れ，自己表現をしながら温かい人間関係をつくる力」「自らのストレスに気づきストレスをコントロールする力」などを育てることによって不登校の未然防止と学校復帰を果たすという仮説に基づいて研究に着手した。結果として，学校全体は落ち着きを取り戻し，意欲的な子どもたちの姿が目立つようになった。この経験から，子どもたちが，落ち着いて，意欲的に学習に向かうためには，二つの要因があると考える。

一つは，子どもが，自分の存在そのものが認められ「居場所」があると感じること。家であれ学校であれ，そのまま丸ごと自分が認められ，包み込まれるような安心感の中で生活することによって子どもたちは落ち着いていく。もう一つは，自分の行為が評価され，「私って，できるやん」という達成感や効力感をもったときに，子どもはやる気になり，さらに伸びようとする。大切なのは，それらの気づきを育む仕組みを，学校教育のあちらこちらに，たくさん埋め込んでおくことである。

人間関係学科は，「自分を見つめること」「仲間を理解すること」を目標に，さまざまなワークを行ってきた。また，保護者や地域の方々の支援を受けて，たくさんの大人（子どもにとっては将来のモデル）と出会い，体験を積み上げてきた。それらの積み重ねが，子どもたちの心を開き，主体的・積極的な姿勢を育ててきたといえる。

卒業を前に，子どもたちと面談をするとき，必ず「将来どんな大人になりたいの？」「どんな仕事につきたいと思う？」と聞くことにしている。子どもたちは，プロ野球選手・美容師・看護師，大工……さまざまな夢を語ってくれる。次に「なぜ，そう思うの？」と質問をする。すると，多くの子どもたちが「人の役に立ちたい」と，こちらが戸惑うぐらいに，素直に照れずに答える。私はあらためて「人の人たる所以」を再認識することになる。子どもたちが，自分の将来を考えるとき，決して独りよがりの夢は語らない。周りの人から認められ，社会で働くたくさんの大人のモデルに触れた子どもたちは，自分も人の役に立ちたいと思い，自分の将来を展望し，努力する。この姿勢が，「学力を創る」と私たちは考える。

松原七中の校歌に「野に咲く花の好きな人たち，心やさしいこの町で，生まれ育った私たち」という一節がある。保護者や地域の方々に見守られた子どもたちが，その思いを胸に，広く世界で活躍する姿を見てみたい。地元に残り，やがて保護者となり，学校と手を携えて，子育てをする姿もいい。松原七中は，そのような期待に応える学校であり続けてほしい。

〔糸井川孝之〕

## （4）松原七中の現状と課題

平成24年４月２日，校長として15年ぶりに松原七中に着任した私は，その夜，開かれた地域協の歓送迎会に驚きを隠せなかった。80名を超える関係者が，とある飲食店の宴会場を所狭しと埋めていた。中には，この日，教員としての辞令を受けた初任者や転任者など新しい顔ぶれをはじめ，地域協の立ち上げからかかわっていただいた方など多方面にわたっていた。私が，この宴席に感動を覚えたのにはほかならぬ訳があった。話は，平成７年にさかのぼる。この年から３年間，私は，松原七中で生徒指導主事の任についた。その初年度に，地域協の前身である「青少年健全育成協」が，本市で初めての「フェスタ」を実施することになり，私は，当時の育成協事務局を担当した１人であった。その当時のことを語れば，いくら紙面があっても足りないが，第１回のフェスタが成功裏に終わり，事務局の労をねぎらうため宴席を開いたが，集まったのは各学校園の担当者と育成協の役員，合わせて10名程度であったと記憶している。

このことで私が何を言いたいかというと，私が松原七中から離れていた14年間で，「松原七中」は，大きく縦にも深化し，横にも進化しているように感じ取ったからである。縦の深化は，子どもを育む人間関係学科の深まりであり，横への進化が地域とともに創る取組みの広がりである。特に，横への進化としての地域連携においては，参会者の笑顔や先輩の話にうなずく若手教員の姿を見て確信をするところであった。

７年間の人間関係学科が目標とした，「自分を見つめること」「仲間を理解すること」が深まっていくことが，各学年での「出会い・生き方学習」に命を吹き込み，その成果が確実に今の「松原七中生」の現状となって現れている。

しかし，この良い状態を維持することは簡単なことではない。その不安の最大の要因は，教職員の大きな入れ替わりである。人間関係学科のカリキュラムづくりや試行錯誤した実践に，膨大な時間と心血を注ぎ込んだ教職員の多くは異動・退職をして，今の松原七中には在職していない。代わって新規採用者をはじめとする若手教員が，今の松原七中を支えている。研究開発に邁進していたときは，失敗も多々あったであろうが，その失敗からも子どもたちの変化が見えてくる。自分たちのがんばりが，直に生徒から跳ね返ってくる。その場にいなかった私にでも，そのしんどさやおもしろさが伝わってくる。しかし，今の多くの松原七中教職員は，人間関係学科の成果と遺産の中で，必死にもがいている。カリキュラムも指導案もあるのに，このプログラムがどのように役立っていくのか，自分の立ち位置はどうあればよいのか，「がんばれば生徒が変わるよ」と言われても，ただでさえ担任業務や教材研究に追われる中，自分に余裕がなく指導力量が伴わない現実を考えたときに，じっくりと時間をかけて人間関係学科のノウハウやめざすべき子ども像を継承することが大きな課題となっている。

しかしながら，松原七中から人間関係学科の火を消すことは，本校教職員の誰１人考えていない。これからも，１年に最低一つは，学年ごとに新しいプログラムを開発していこうという努力を重ね，継続させていくことのむずかしさは重々感じながらも，モデルとなる松原七中生をつくり続けるために人間関係学科を継承発展させていきたいと考えている。

〔芝田雅彦〕

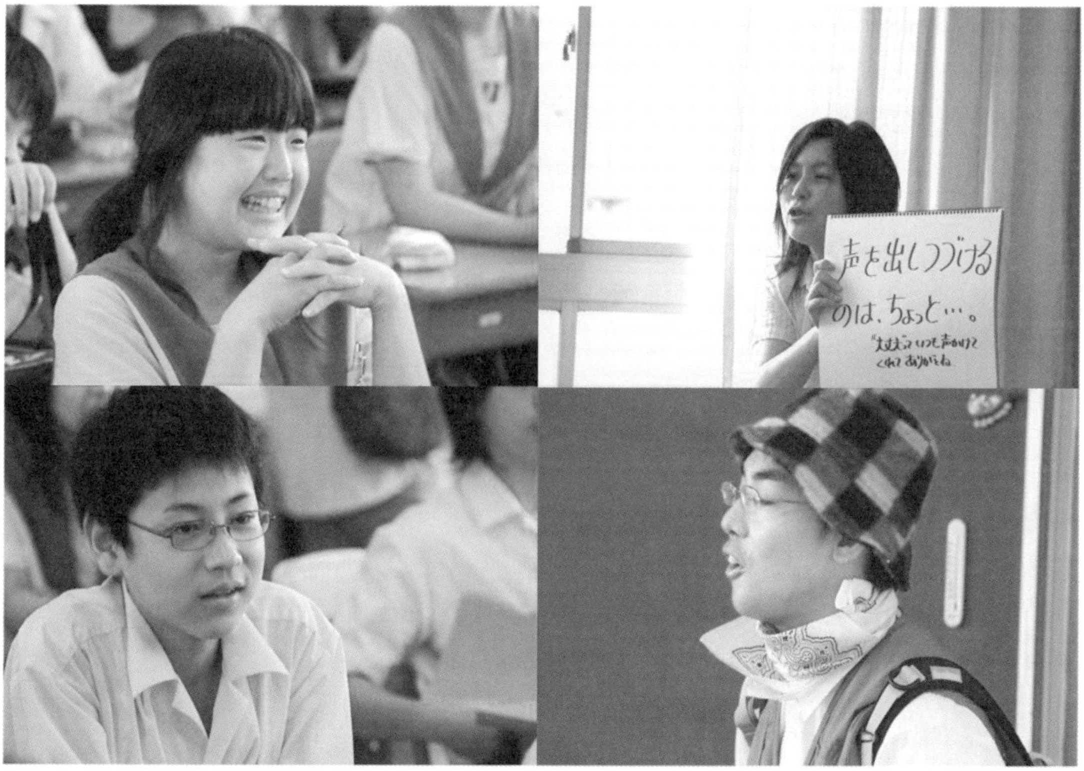

# 8 協働的指導体制に基づく開発的生徒指導としての展開

## （1）人間関係学科を支える協働的生徒指導体制

松原七中の「人間関係学科」の公開授業や研究発表会に参加した多くの者が，教員同士が力を合わせ子どもとともに学び合っている姿にふれて，またこの「元気のある学校」を訪れたいと言う。なぜ，研究開発学校として，これほどまでに実りある取組みが可能となったのであろうか。背景として，一人一人の教職員の意欲（モチベーション）と職場の士気（モラール）を支える協働的な生徒指導体制が機能していることが考えられる。

協働（Collaboration）について，池本しおり（平成16年）は「異なる専門分野が共通の目的のために対話し，新たなものを生成するような形で協力して働くこと」と定義している。この定義から導き出される，学校内外のネットワークをも視野に入れた協働的生徒指導体制の構成要件は，

①生徒指導目標の明確化と共有化
②新たなものにチャレンジする変革志向
③双方向のコミュニケーションに基づく柔軟な組織運営
④個性と多様性を基盤にしたチームによる協働の実現
⑤ウチとソトに開かれた学校文化の形成

としてまとめることができる。

最近の複雑で困難な生徒指導上の課題に対して，問題行動を防ぐという統制的な生徒指導に終始したり，担任や生徒指導主事の個人的力量に頼ったり，また，学校が地域や関係機関に閉じていたりすると，根本的な解決を期待することはむずかしい。これからの生徒指導には，多面的で柔軟な生徒理解に基づく丁寧な個別支援はもとより，すべての児童生徒を対象に学校全体で取り組む積極的な指導援助，自己理解や人間関係づくりの促進をめざすガイダンスプログラムやコミュニケーションの活性化をめざす体験学習などを中心とした協働体制に基づく開発的な生徒指導が求められる。同時に，家庭や地域，必要に応じて教育委員会はもとより，医療・福祉・警察などの関係機関との連携を図ることも一層重要になっている。そのような視点に立った先駆的な取組みが，「松原七中の人間関係学科」にほかならない。

### （2）生徒指導目標の明確化と共有化―変革を志向した実践へ―

松原七中では，研究開発学校としてのスタートにあたって，「生徒の生活実態から出発する」という視点から「学校生活調査」を行い，その分析をもとに「何が生徒の課題か」，「学校として取り組むべき問題は何か」を活発な話し合いを通じて決定していった。そのことが，職員間の共通理解の形成に大きく寄与したと考えられる。

生徒指導課題はそれぞれの学校に独自なものである。したがって，効果的な生徒指導を進めるには，生徒の現状とその学校が置かれている社会状況（地域や保護者の特性，および学校風土など）を把握した上で，さまざまな実践を積み重ねていくことが求められる。松原七中において，生徒と学校の現状から課題を明確にした上でめざす生徒像を可視化し，そこにいたるまでの手順を明示することによって，職員一人一人が先を見通しながら全校の中での自己の役割を自覚し，新たな目標に向かって積極的に取り組むことが可能となった。また，節目ごとに実践の成果を目に見える数値として示したことが，職員を勇気づけ，意欲と士気を継続させることにつながったと思われる。

加えて重要なことは，生徒の実情に応じた取組みをするために自律的な研修が進められたことである。上から強いられた研修でなく，職員自らが目的を設定し実践に活用できる研修を行うことで，職員間に改善努力への意欲が喚起される。それまで取り組まれていなかった新しい方法を導入し，未知のものにチャレンジするという進取の気運が高まり，先進的な実践事例の収集や外部講師の招聘などが積極的に行われるようになり，学校が開かれる素地もつくられる。「指導者の力量や悩み・願いをつかみ，ねらいを明確にした校内研修」を定着させたことが，人間関係学科を展開するための基盤となった。「子どもが楽しむためには教員自身が楽しむ」という姿勢を大切に，実際の仕事を通じてともに汗を流しながら，喜びや悩み，達成感を共有していったことが職員同士の関係性を深め，学び合う姿勢を育んでいったと思われる。

協働は単に行動面で同調する凝集性とは異なり，「個々の教師が相互信頼をベースとして知識や意味を共有し，また，その相互作用を通じて新たな知識を創造していくプロセス」（藤原文雄，平成10年）である。人間関係学科の取組みが始まってから，松原七中の職員室では，あちらこちらで頭を突き合わせて授業検討する姿や新しい教材をつくる姿がみられるようになった。人間関係学科の取組みは従来の教科指導と違い，個人任せというよりも学校としての方針をベースに，関係する教員同士がテーマの設定，指導計画の策定，実施後の評価などさまざまな事柄について一緒に考え，分担し，運営することが必要になる。これまでの経験や指導力のみで対応することはむずかしく，人間関係学科の授業を通して自己の専門性や力量を確かなものにし，同時に拡大・発展させる契機としてとらえていくことが求められた。最初は戸惑いもあったが，「授業を楽しみにしている」という生徒の声に後押しされ，お互いの実践について話し合い，相互に観察し批評し合い，ともに教材を工夫し教え合うという協働性の深まりがみられるようになっていった。

### （3）チームによる協働の実現─双方向のコミュニケーションに基づく柔軟な組織運営─

個業的な色彩が濃い教員の仕事の中で組織を意識し，職員間の連携と対応の組織化を進めていくことは口で言うほど容易ではない。学校における協働を実現するためには，トップダウンとボトムアップが効果的に機能するミドル・アップダウン・マネジメントが必要である。校長のトップリーダーシップとともに，各主任層のミドルリーダーシップを機能させ，学年や分掌といったチーム内での議論の活性化と役割分担，相互扶助の具体化を進める。同時に，チーム間のネットワークの確立を促すことで，やらされているのではなく積極的に自らの役割を果たすという雰囲気が職員間に生まれ，各自が自分の個性を活かせるようになる。身近なミドルリーダーであればこそ，「各々の職員の得意不得意は何か」「授業や生徒指導で苦戦しているのは誰か」「職場のストレスは何か」といった前線に立つ職員の実態に気づくこともでき，その情報を管理職に伝えることで学校として早期対応することも可能になる。

その点で，「校内不登校生徒等支援会議」を，管理職・スクールカウンセラー・養護教諭・生徒指導コーディネーター・各部長・学年主任というメンバーで構成し，双方向的なコミュニケーションの機会を毎週1回定例化したことの意義は大きい。学年からの情報や要望を管理職・生徒指導部に提供すると同時に，管理職の方針，生徒指導部や保健室からの情報を各学年に流していくことで，学年と各分掌の相互理解が進み，生徒指導が職員の共通理解のもとで展開されることが可能となった。

しかし，校務分掌に位置づけられた役割や職務をこなしていくだけでは，組織は硬直化し，機能不全に陥ることにもなりかねない。チームによる協働を基盤としながら，問題によってはチームを越えた柔軟性と機動性を発揮することが求められる。具体的な特定の目的達成のために一時的に編成される組織のことをタスクフォース（task force）というが，場面場面で適切なメンバーを招集し，問題解決のための一時的な組織を編成することも協働的な生徒指導を進めるうえでは必要となる。松原七中では，不登校生徒を支援するための「こころプロジェクト」が編成され，人間関係学科のプログラム開発も進めていった。この学年や分掌を越えた若手教員の協働が個性的で創造的な活動の原動力となり，発達的視点に立つ学年段階に応じた体系的なプログラム開発と，人間関係学科での学びを教科授業や特別活動など学校教育の全領域で活かすこと（クロス性）を可能にしていったと思われる。

### （4）学校を内と外に開く─「地域の宝物としての学校」へ─

人間関係学科の取組みは，松原七中に新たな「協働性」を求めたともいえる。授業を展開する上で，学校内部の教員相互の連携とともに，校園種間連携や教育委員会との連携，さらに学校と地域・家庭・関係機関などとの連携，いわゆる「内と外に開かれた協働」が重要となるからである。

「内に開かれた協働」とは，教員個々の職務や経験の違い，教科や学年・学級の間など，学校内に存在するさまざまな垣根や敷居を低くして教室を開き，実践に関する情報交換や学び合いを日常的に行うことである。

一方，「外に開かれた協働」とは，地域の将来を担う子どもの成長をめぐって，保護者や地域で生活し働く人々と対話や交流を進め，人間関係学科によって身につけさせたい力や実際の取組み内容についての願いや目標を共有する努力を行うことである。学校だけ，家庭だけ，地域だけで子どもを支えることはできない。協働に基づく校内体制を整えた上で，学校を外に開くことが求められる。その際，留意すべき点は，「学校活性化のために地域の資源を効果的に活用する」という視点だけにとどまらないことである。そうでないと，学校と異質であるがゆえに意味をもつ地域の教育力が学校化されて，期待された効果が失われてしまうことにもなりかねない。学校へ地域人材を導入すれば事足りるというのではなく，生徒が主体的に地域の行事や社会的活動に参画していくことが重要である。

松原七中校区の「国際文化フェスタ」は学校行事ではなく「地域の祭」として位置づけられ，生徒は地域の子どもとして，保護者や地域の住民は地域の人として，教員は地域で働く大人として，フェスタに参加している。そのことで，閉じられがちな家族が地域とつながる，赤ちゃんからお年寄りまでさまざまな世代がつながる，地域の実情を踏まえつつ世界とつながる，という多様な協働が実現されていった。背景には，地域の子どもを「11年間でどう育てるか」という時間的展望に立った校区の幼小中の連携による支えもあった。学校と地域との双方向的なかかわり合いのなかで成長することを通して，生徒一人一人の地域に生きる当事者としての主体的な意識が高まっていったものと思われる。

## （5）協働体制の基盤としての信頼的な人間関係の形成

松原七中では，人間関係学科の取組み１年目に「教室に入れない生徒」を支援するための校内適応指導教室として「ほっとスペース」を設置した。コンセプトは「教室の気配」を極力排除することにあり，不登校から教室復帰のステップとしての場でもあると同時に，不登校にならないための一時避難の場としても機能している。生徒や保護者にそのような居場所を提供できる学校は，教職員にもやさしい学校であるだろう。職員間の協働が機能するためには，日ごろから信頼的な人間関係が職場に築かれている必要がある。お互いに気楽に相談したり相談されたり，励ましたり励まされたりというつながりの意識である。職員室がしんどさを共有できる心の居場所となれば，何げない会話を通じてお互いがお互いの個性を認め合ったり，担任が日ごろから学級運営を透明にしたりすることも可能となる。校長室のドアがいつも開いていれば，困ったり悩みをもった職員が校長に気楽に相談に行くこともできる。松原七中は，職員にとっても，また，地域の人にとっても，そういう学校なのである。

学校は，児童生徒にとって夢を実現するための通り道であると同時に，教職員が夢を叶えるための場でもある。教職員が，それぞれの夢を，また学校目標として共有されたみんなの夢を，自然と語り合えるようになったことが，松原七中「人間関係学科」の実現と成功をもたらしたのではないだろうか。

【引用文献】

池本しおり：「教師間のピアサポート―サポーティブな学校風土づくりの一環として―」『岡山県教育センター紀要，第253号，1-22』（2004年）

藤原　文雄：「教師間の知識共有・創造としての『協働』成立のプロセスについての一考察」『東京大学大学院教育学研究科教育行政学研究室紀要17，2-21』（1998年）

〔新井肇〕

コラム５

## 大阪府教育委員会による支援
## ―現場のモチベーションを尊重した，広域行政として―

### ●それぞれの立場からのかかわり

研究開発等の取組みにあたって，立ち上げからいちばん苦労されたのは，当事者である松原市立松原第七中学校（以下，松原七中）であり，また学校を所管し支援する松原市教育委員会（以下，松原市教委）であろう。大阪府教育委員会（以下，府教委）も，当然かかわったが，広域行政として，学校とそれを支える市教育委員会が，その当事者性ゆえに迷路に入り込んだときなどに，広域的視点と第三者的視点をもって大きな方向性を示すことで支援させていただいた。

### ●広域行政を積極的に活用する松原市

当時を振り返ると，松原市教委は，もともと研修会などさまざまな場面で府教委を含め多方面から講師を招聘し講演や指導助言を依頼するなど，広域行政や有識者を積極的に活用していた。例えば，研究開発事業の発表のときなど，森田洋司先生の基調講演に加え，国や府教委からも多くの参加者も得て，府内有数の規模で発表大会を開催したと記憶している。

一般的に，大きな事業・イベントに臨む場合，組織をあげて取り組まなければならず，その組織の構成員のモチベーションも自然と上がっていく。松原七中や松原市教委も同様であった。地域や学校が協力してやりとげたという達成感が次の取組みに向けた原動力になり，プラスの連鎖という効果を生み出した。このように，松原市教委は，広域行政も積極的に活用しながら，松原七中の取組みの効果をより高める仕掛けをすることで，側面から学校を支援していた。

### ●情報発信力の強さ

さらに，松原市教委は広域行政の活用に加えて，府や国への情報発信にも非常に熱心に取り組んでいた。府教委をはじめ広域行政においては，研修や事業を企画立案するときなど，各市町村からの情報も大切にしている。しかし「どこそこの学校でこういう取組みがある」といった情報は，学校間で共有されていても，府域や全国レベルで共有される機会は少ない。その中で，松原市教委は，実践の成果等を冊子やリーフレットという形で広範囲に提供するなど，あらゆる機会を通じて，大阪府全域や国への情報発信を仕掛けていった。

この仕掛けは，先進的な不登校生徒に対する取組み，ユニークな人権教育の取組みの情報などを求めている学校や市町村にとって，「松原七中で人間関係学科というおもしろい実践がある」という情報の周知だけに留まらず，学校への問い合わせや学校訪問という形となってあらわれた。これは本文中にも記載があるが，この発信力が，子どもたちや学校のモチベーションを上げるなどの変化をもたらし，調査研究をさらに推進させることに大いに貢献したといえる。

### ●共通のテーマ「不登校の未然防止」

さて，本文中にもあるが，松原七中の取組みの背景には，不登校生徒に対する取組みが１つの源流となっている。当時，不登校の子どもに対する取組みは，どちらかと言えば，どうやって登校させるかということが主流となっていた。しかし，府教委は，不登校の課題に取り組むに当たり，今では周知のことであるが，小学校６年生から中学校１年生にかけて不登校児童生徒数が急増することに着目し，小学校段階から遅刻欠席等の目立つ子どもについて，中学校１年生になっても，情報を引き継いで，ていねいな見守りを継続することで不登校を未然防止できるのではないかという考え方を提案した。

松原市教委においても，さまざまな試行錯誤の末，府と同様のコンセプト，いわゆる「未然防止」というキーワードに到達したといえる。当時，暴力行為の増加も相まって，不登校にならない子ども，暴力を振るわず解決できる子どもを育てようという，「未然防止」のコンセプトが人間関係学科という，独特な取組みを生み出したと言える。

**●ワクチンと漢方薬**

ところで，学校教育の中で特に生徒指導においては，ワクチンと漢方薬の双方が同時に必要であるというのが私の持論である。学校が問題行動等で厳しい状況に陥ったとき，どうしても，子どもの問題行動への対応に追われ，対策もすぐに効くワクチンにウェートがかかりがちだが，それだけでは学校を立て直すことはできないし，子どもの望ましい発達を促すことにはつながらない。ワクチンは必要であるということを否定はしないが，同時に漢方薬も必要であるということを忘れてはならない。漢方薬とは，子どもが育つ過程において，発達段階に応じ，将来に夢をもち，人権感覚やモラルを身につけ，コミュニケーション力など社会人として必要なスキルを磨く教育活動である。

松原市教委も，不登校児童生徒に対する取組みを進める中で，「未然防止」は「早期発見，早期対応」と同義ではなく，集団づくりやソーシャルスキルトレーニングのような手法も活用し，豊かな人権感覚や自ら考え解決する力を育成することが不可欠であるという結論に行きついたのではないかと思う。

ただし，同じようなプロセスで漢方薬に行きついても，なかなか学校は目の前の子どもの対応に終始してしまい，どうしてもワクチンに片寄ってしまうこともある。松原七中が，そこを乗り越え不登校の未然防止に先行して取り組むことができたのは，漢方薬の気づきとともに，学校自身の機動力や前述の市の仕掛けがあったことが，いち早くスタートがきれた所以である。

**●広域行政の役割とは**

最後に，広域行政は，広範囲にわたる統計に基づく検証と考察を経て，課題を明確にし，解決のための方針と対策を提案する。そして，そのコンセプトを市町村教育委員会や学校に浸透させ，その上で，子どもや地域の実情に応じた取組みを創造していただくことが重要であると考える。府教委が未然防止のコンセプトを提案した当時は，各市町村および学校への理解と浸透に腐心したと記憶している。その結果，７年，８年と連続して不登校が減少した。これは，府内の各小中学校に「未然防止」というコンセプトを十分に理解いただき，子どもたちを見守っていただいた成果であると考えている。

このように，教育行政は統計に裏付けられた大きな方向性を示しつつ，その実現に向け様々な仕掛けを工夫することが求められる。そのためには，日々子どもと向き合っている現場の先生方に，高いモチベーションを保ちながら教育課題に取り組んでいただくための支援者であるという認識が重要である。

〔若田透〕

# あとがき

松原市立松原第七中学校の取組みに端を発した「人間関係学科」は，校区の恵我小学校，恵我南小学校，そして恵我幼稚園を巻き込み，さらなる発展をとげた。本書はその実践をまとめたものである。

出版の企画は平成23年9月ごろにもち上がった。研究指定が終了したとはいえ，「人間関係学科」は現在も引き続き実施されている。その受け継がれている理念と実践を形あるものに残したい。2期6年にわたる研究開発に企画運営委員として参画した筆者は，当時の松原第七中学校長であった糸井川孝之氏の誘いに二つ返事であった。

書籍完成予定は，平成24年9月末。普段の業務をこなしながらの執筆作業，原稿が全部揃ったのが同年9月下旬。そこから版組が開始され年末には出版かと思われたが，諸般の事情によって年を越し，このたびの出版となった次第である。

監修の森田洋司先生には，社会学的観点から人間関係学科の学問的裏付けとなる序文をいただいた。そして，各章では森田洋司先生の序文に負けず劣らず，人間関係学科への熱い思いが具体的に描かれている。

編著者から数多くの注文を出したにもかかわらず，執筆者は快く加筆修正してくれた。また，座談会の記録については，編著者のまとめた原稿を出席者が迅速に校正してくれた。名前を掲載できなかったが，インタビューに応じた卒業生諸氏，ならびにインタビュアーの教諭陣の協力も出版の完成を支えている。

本書がこうして出来上がったのは，人間関係学科にまつわる児童生徒，教師，職員，そして後方支援してくれた家庭，地域，教育委員会などさまざまな人々のお陰である。むろん，人間関係学科以前から松原第七中学校区へかかわった，実にたくさんの人々の存在を忘れてはならない。ここに深い感謝の念を表したい。

末尾になったが，企画の段階から完成まで，編著者らを陰に日なたに励ましてくれた図書文化社出版部の東則孝氏なしには，本書の誕生はあり得なかった。心よりお礼申し上げたい。

平成25年2月吉日

編著者を代表して
西井克泰

**《監修》**

森田洋司　　大阪市立大学名誉教授・大阪樟蔭女子大学前学長　　序文

**《編集》**

新井　肇　　兵庫教育大学教授　　5章担当

西井克泰　　武庫川女子大学教授　　2，3，4章担当

若槻　健　　関西大学准教授　　1章担当

松原市立松原第七中学校区教育実践研究会

**《執筆・まとめ》**

新井　肇　　兵庫教育大学教授　　5章8節

糸井川孝之　前松原市立松原第七中学校校長

1章1節，5章1節，5章2節，5章3節，5章4節，5章7節

芝田雅彦　　松原市立松原第七中学校校長　　5章7節

西井克泰　　武庫川女子大学教授　　2章，コラム2，3章，あとがき

畠山久子　　松原市立三宅小学校教頭

1章2，3節，4章1節，小学校指導案，コラム4，5章5節

深美隆司　　元松原市立松原第七中学校教諭，あいあいネットワーク of HRS

コラム1，4章2節，4章3節，中学校指導案，5章6節

吉川年幸　　松原市立松原第三中学校校長　　コラム3

若田　透　　大阪府教育委員会事務局児童生徒支援課子ども支援グループ主任指導主事（平成19・20年当時）　　コラム5

若槻　健　　関西大学准教授　　1章4節

※以上，五十音順，平成24年11月現在

**子どもが先生が地域とともに元気になる人間関係学科の実践**

**―人権教育・多文化共生教育をベースにした予防・開発的生徒指導―**

2013年5月1日　初版第1刷発行［検印省略］

監修者　森田洋司

編著者　松原市立松原第七中学校区教育実践研究会 ©
西井克泰，新井肇，若槻健

発行者　村主典英

発行所　株式会社　図書文化社
〒112-0012　東京都文京区大塚1-4-15
Tel. 03-3943-2511　Fax. 03-3943-2519
振替　00160-7-67697
http://www.toshobunka.co.jp/

印刷所　株式会社　加藤文明社印刷所

製本所　株式会社　村上製本所

装　幀　中濱健治

ISBN978-4-8100-3628-2 C3037